Andreas Block

Wetter
und
Klima

POCKET THEMA

Der Autor
Andreas Block ist Lehrer an einem Gymnasium in Berlin.

 http://www.cornelsen.de

Gedruckt auf chlorfrei gebleichtem Papier
ohne Dioxinbelastung der Gewässer.

Die Deutsche Bibliothek - CIP-Einheitsaufnahme
Block, Andreas:
Klima und Wetter / Andreas Block. – Berlin :
Cornelsen Scriptor, 2002 (Pocket Thema)
ISBN 3-589-21620-4

Dieses Werk berücksichtigt die Regeln der reformierten Rechtschreibung
und Zeichensetzung.

4.	3.	2.	1.	€	Die letzten Ziffern bezeichnen
05	04	03	02		Zahl und Jahr der Auflage.

Redaktion: Volkhard Binder, Berlin
Umschlagentwurf: Bauer + Möhring, Berlin
unter Verwendung eines Fotos von stone/Getty Images, München
Layout: Uta Eickworth, Berlin/Beate Schubert, Berlin/
Julia Walch, Bad Soden
Zeichnungen: Volkhard Binder, Berlin
Druck: Clausen & Bosse, Leck
Printed in Germany
ISBN 3-589-21620-4
Bestellnummer 216204

Inhalt

Gebrauchsanweisung

Der Aufbau dieses Bandes ist an die aus dem Amerikanischen bekannten **FAQs** (*frequently asked questions – oftmals gestellte Fragen*) angelehnt. So sollen Einzelfragen beantwortet werden, ohne dass die/der Benutzer/in unbedingt alle Kapitel durchgearbeitet haben muss.
Möglichkeiten zum Ausprobieren oder besondere Kästen zum Ablesen sind den Texten als TIPP zur Seite gestellt. Hinweise auf weitere Informationen sind mit einem Klickpfeil ➠ und einem Seitenverweis gekennzeichnet.

Um Wetter als komplexes System verstehen zu können, beschäftigen wir uns nach einem allgemeinen Teil über Mensch und Klima (➠ S. 9) als Erstes mit dem Energielieferanten Sonne (➠ **Feuer, S. 15**).
Wie aber das Leben auf der Erdoberfläche möglich wird – ohne sofort zu verbrennen, klären wir in einem Kapitel über die Atmosphäre (➠ **Luft, S. 19**) und deren schützende Eigenschaften. Das Verhalten der Strahlung in dieser Atmosphäre interessiert uns, denn **Licht** (➠ S. 28) ist unweigerlich die Quelle allen Daseins.
Das Element ➠ **Wasser** (S. 37) wiederum beeinflusst durch seine physikalischen Eigenschaften und seine Verteilung auf dem Globus das Wettergeschehen in der erdnahen **Wetterschicht**, in der wir leben. Ebenso ist die Größe und die Oberflächenform von Landmassen entscheidend für das dortige Wetter und Klima (➠ **Erde, S. 59**).
Nachdem die Erde nun mit allen Elementen ausgestattet ist, sehen wir sie als eine bestrahlte Kugel, die um eine senkrechte Achse rotiert (➠ **Bewegung, S. 78**). Das ➠ *globale Druck- und* **Windsystem** (S. 84) funktioniert bereits auf diesem Kreisel und ➠ *dynamische Druckgebilde* (S. 87) bewegen sich nach Regeln. Dieses System wird durch die Neigung der Erdachse jahreszeitlich verschoben, saisonale Ereignisse bilden sich aus (➠ **Jahreszeiten, S. 96**). ➠ *Klimazonen* können am Ende abgelesen werden.

Vorwort

Brauche ich hier und heute einen Regenschirm?

Kaum ein Mensch, der sich nicht täglich in irgendeiner Form mit dem Wetter auseinandersetzt. Allein die morgendliche Wahl der Bekleidung ist an Überlegungen über das Wetter gebunden. Und dreht sich nicht ein Großteil der alltäglichen Gespräche um dieses Thema? Die Wettersendungen in den Medien gehören zu den meistbeachteten Informationen überhaupt und gelten als Qualitätskriterien bei der Bewertung von Nachrichtensendungen.

Im Kampf um Einschaltquoten werden zum Teil erhebliche Ausgaben getätigt, um Wetterberichte und **Wettervorhersage**n publikumswirksam zu präsentieren.

Kräht der Hahn auf dem Mist, ändert sich das Wetter oder es bleibt, wie es ist?

Die Präsentation dieser Ergebnisse durch die in den Medien angestellten Experten weist mehrere Schwachstellen auf: Der Zuhörer/Zuschauer kann die Gründe nicht nachvollziehen, die zu der jeweiligen Vorhersage geführt haben. Erscheint für ihn das Geschehen wie ein Buch mit sieben Siegeln, so kann er eigentlich nur immer wieder verzweifeln ob der anscheinenden Ungenauigkeit der Prognosen.

Die Wettervorhersage – ein Lotteriespiel?

Die Treffsicherheit von Vorhersagen für den nächsten Tag liegt zwar bei rund 80 bis 90 Prozent, aber die allgemeinen Aussagen helfen dem Einzelnen zum Teil nur wenig. Das Wetter ist nun mal das Ergebnis von zwar physikalisch regelhaft ablaufenden, aber zusammengenommen chaotischen Prozessen. Es wirklich zu verstehen heißt, die Vorhersagen mit Hilfe von eigenem Wissen und eigener einfacher Beobachtungen für die Gegend, in der man sich gerade befindet, zu verfeinern, zu aktualisieren oder gar selbst zu erstellen. Eine Zyklone kann schneller ziehen als angekündigt, es gibt Zeichen am Himmel, die uns das mitteilen.

Eigentlich sollen leichte Winde aus unterschiedlichen Richtungen wehen. Wir kennen aber die Beschaffenheit der Region und wissen, dass uns auf dem Weg zum Strand doch ein frischer Wind entgegenblasen kann (➠ Seewind, S. 64). Mit Hilfe von Beispielen sollen Erklärungen für die grundlegenden Phänomene in der Atmosphäre gefunden werden.

Ich fliege am 18. Mai nach Entenhausen, wie viel Grad sind nachmittags, muss ich da einen Pulli mitnehmen?

Zudem sollten Sie nach aufmerksamer Lektüre eine genauere Vorstellung vom Klima in Ihrem angepeilten Urlaubsgebiet gewinnen können, hier wollen wir Überraschungen vermeiden helfen.

Die Frage nach dem vermutlich vorzufindenden Wetter zum Reisetermin und nach der zweckmäßigen Bekleidung sollten Sie am Ende mit Hilfe einer Klimakarte aus einem Atlas oder einem Klimadiagramm besser beantworten können als jedes Fremdenverkehrsamt.

Der Mensch und das Wetter

Sind wir den Naturgewalten hilflos ausgeliefert?

Diese Frage stellt sich, wenn man solche Meldungen in der Tageszeitung findet:

> **Kälteeinbruch in Nordamerika**
> **Mann vor der eigenen Haustür erfroren**
> Durch *Eisregen* und anschließenden heftigen Schneefall war er auf dem Nachhauseweg überrascht worden. Sein Auto hatte es noch gerade bis vor die Garage geschafft. Nach einem Temperatursturz von 30 Grad war es trotzdem angesprungen. Aber vor dem Wohnhaus schlug der *Blizzard* (⟶ S. 73) unerbittlich zu. Der Niederschlag kam erst als *Eisregen*, eine dicke Schicht davon hatte die Haustür überzogen. Ein Öffnen der Tür war unmöglich. Dann kam der Schnee. Die Sicht war stark eingeschränkt, schnell wurde er verweht. Auf der Suche nach Hilfe in dieser Eis- und Schneehölle ereilte ihn der Tod.

Eigentlich hätte an diesem Ort nach der geographischen Breite gerechnet an diesem Tag mäßig kaltes Wetter herrschen sollen, wie in den mittleren Breiten üblich (⟶ Kap. Mittlere Breiten, S. 113; ⟶ Karte S. 120).
Der bedauernswerte Mann erlag nicht einer Klimakatastrophe, sondern einem blitzartigem *Wetterumschwung*.

> **TIPP:** Bei Fragen zum Wetter geht es immer um kurze Zeiträume, z. B. bei der Frage „Warum schneit es gerade heute so stark?"

Wetter und Witterung

Wetter ist der <u>augenblickliche Zustand der Atmosphäre</u>. Er wird durch die verschiedenen *Wetterelemente* und deren Zusammenwirken gekennzeichnet. Solch geschilderte Ereignisse enthalten messbare *Wetterelemente*: Zu messen sind besonders Temperatur, Luftdruck, *Windstärke* und Windrichtung, Luftfeuchte, Einstrahlung und Ausstrahlung, Art und Menge des Niederschlags.
Zu beobachten sind Wolken (➠ S. 45), deren Auftauchen, Form und Auflösung.

Auch dieser Bericht von 1998 aus Honduras lässt erschaudern:

Mitch verbreitet Angst und Schrecken
Regenzeiten (➠ S. 99) war Roberta gewohnt. Aber diese Sintflut schien ihr wirklich wie das Ende der Welt. Der Wind fegte mit 140 km/h über ihre Gegend. Unglaubliche Massen von Regen fielen vom Himmel. Der Fluss trat schlagartig über die Ufer. Eine schlammige Überschwemmungswelle folgte und riss das ganze Dorf fort. Roberta sah ihr Haus verschwinden und wurde danach unter Wasser gedrückt. Als sie wieder auftauchte, erkannte sie einen ausgerissenen Baum in der Nähe schwimmen. Sie konnte sich an ihm festhalten und wurde fortgespült. Am übernächsten Tag war Ruhe eingekehrt. Der *Hurrikan* Mitch (➠ S. 100) hatte seine Verwüstungen beendet. Roberta wurde in der Nähe der Küste aus dem Meer gefischt, sie hatte sich so lange am lebensrettenden Baum festklammern können. Robertas Familie aber blieb verschwunden.
Die Küste war ebenfalls in Mitleidenschaft gezogen. Eine riesige Flutwelle hatte die Fischerdörfer am flachen Küstenabschnitt einfach überrollt.

TIPP: Wird die Frage „Welche Großwetterlage (➠ S. 113) herrscht zur Zeit?" gestellt, so dreht sich die Antwort um die *Witterung*.

Witterung

Über einen bestimmten Zeitraum werden Wetterbeobachtungen gemittelt. Danach kann man allgemeine Aussagen zu jahreszeitlich bedingten Wetterabläufen machen, z. B. zu den *Regenzeiten* in den wechselfeuchten *Tropen* (➡ S. 99).

Wegen eines Schneesturms wird der Verkehr am New Yorker Times Square am 30.12.2000 behindert, obwohl zahlreiche Räumfahrzeuge im Einsatz sind. Die amerikanische Ostküste hat den schwersten Wintersturm seit fünf Jahren besser als erwartet überstanden.
Zum Jahreswechsel normalisierte sich die Lage bereits wieder. Viele Straßen in New York und anderen Großstädten sind zumindest auf einer Spur frei geräumt, und die Flughäfen arbeiten wieder fast normal.
Der Schnee-*Blizzard* war am 30.12. über insgesamt zehn Bundesstaaten von Delaware bis Maine gezogen. Das Unwetter hatte dabei Großstädte wie New York und Philadelphia unter einer dichten Schneedecke begraben. New Jersey meldete Rekordschneefälle von 60 Zentimetern.

Dürrealarm in der Sahelzone: nie wieder Regen?

In einigen Regionen der Erde gibt es zu viel Niederschlag, Schnee oder sintflutartige Regenfälle. In der **Sahelzone**, im Norden Afrikas hingegen könnte man den kleinsten Tropfen gebrauchen. Aber nein: Dauerhafte Hitze ohne Regen hat sich breit gemacht. Die Wolken haben sich bereits über dem westlichen Teil des Kontinents als **Steigungsregen** (➡ S. 57) abgeregnet. So ist die Lage im Sahel, in diesem Saum zwischen Wüstenklima (➡ Wüste, S. 61) und wechselfeuchtem Tropenklima, dramatisch geworden. Die seit Jahrzehnten anhaltende **Dürre** führte bereits zu Hungerkatastrophen. Die Forscher fragen sich, ob sich die Klimagrenze in dieser Gegend nicht schon längst verschoben hat.

Klima, **Klimaelemente** und Klimafaktoren

Klima
Werden **Wetterelemente** über einen langen Zeitraum beobachtet, so können daraus Regelmäßigkeiten abgeleitet werden. So kann man beispielsweise in den wechselfeuchten **Tropen** mit **Regenzeiten** rechnen. Wir können dann von **Klimaelement**en sprechen. Der Beobachtungszeitraum beträgt normalerweise 30 Jahre.

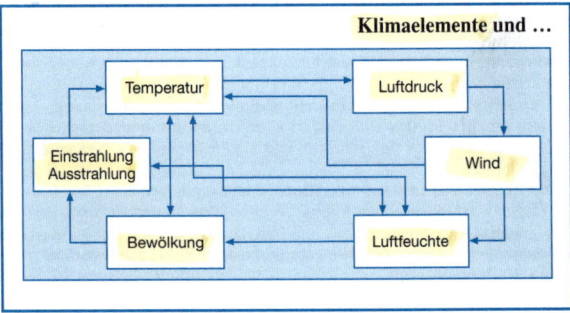

Klimaelemente und ...

> **TIPP:** Wird ein Rentner gefragt, warum er nach 40 Jahren Arbeit und Wohnen in Paris an die Côte d'Azur gezogen ist, so wird er nicht mit dem Wetter argumentieren, sondern vom angenehmeren Klima sprechen, von dem er die ganzen Jahre geträumt hat (➠ Mittelmeerklima, S. 112).

Diese *Klimaelemente* sind nicht nur in Klimadiagrammen darstellbar, sie bedingen sich gegenseitig. So ist wie in unserem Beispiel der Niederschlag von der Bewölkung abhängig, diese wieder von einer ausreichenden Luftfeuchte. *Klimafaktoren* können das Klima an einem Ort entscheidend beeinflussen, also als *Regularitäten* wahrgenommen werden.

Zu den *Klimafaktoren* gehören die Nähe zum Meer (➠ Ozeanität, S. 44), die Lage zur vorherrschenden Luftströmung und die Höhenlage (➠ Föhn, S. 25). Die geographische Breitenlage ist entscheidend für die Menge der zugestrahlten Sonnenenergie (➠ Feuer, S. 15).

Kleinräumig wird das Klima im Zusammenspiel von Relief, Gestein und Boden, Bebauung und Wasserhaushalt für jeden Standort zu einem *Mikroklima* verändert.

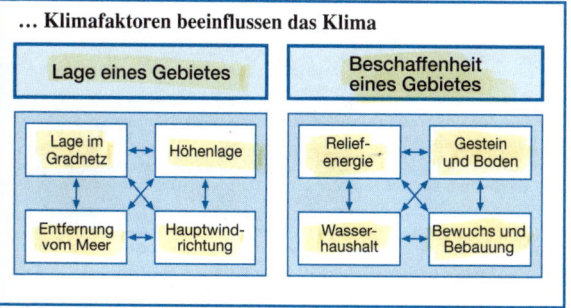

... Klimafaktoren beeinflussen das Klima

Das am 14. Juni 1999 von der National Oceanic and Atmospheric Administration (NOAA) herausgegeben Bild zeigt den Wirbelsturm „Arlene" südöstlich der Bermuda-Inseln.

Die Sonne, lebensspendender Motor

Die Sonne ein todbringender Glutball?

Hurrikanopfer machen die Sonne für den Sturm verantwortlich. Sie treibt diesen Wirbel an (➡ **Hurrikan**s, S. 100). In manchen Gegenden verbrennt sie alles Leben, mancherorts, wo es kalt und dunkel ist, wird sie herbeigesehnt. Die Sonne, dieser bebende, sich verändernde und wirbelnde Stern macht alles Leben möglich. Sie treibt die atmosphärische Maschine an, versorgt dadurch die Kontinente mit Wasser. Sie ermöglicht durch andauernde Strahlenzufuhr aus 150 Millionen Kilometer Entfernung die Photosynthese der Pflanzen, schafft somit mittelbar Nahrung für Mensch und Tier. In ihrer äußeren Region, der Korona, herrschen Temperaturen von über einer Million Grad. Vo der Gesamtausstrahlung dieses großen Feuerballs nimmt die Erde nur etwa zwei Milliardstel auf. Acht Minuten braucht das Licht der Sonne bis zur Erde.

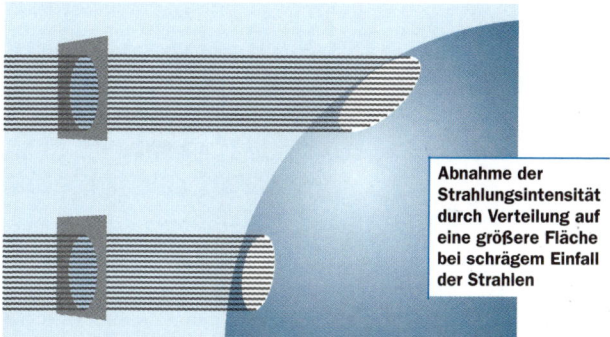

Abnahme der Strahlungsintensität durch Verteilung auf eine größere Fläche bei schrägem Einfall der Strahlen

Wie ergeben sich Temperaturunterschiede auf der Erde?

Stellen wir uns die Erde als eine rotierende Kugel mit senkrechter Achse vor, so wird einsichtig, dass der Breitenkreis mit dem größten Durchmesser, also der Äquator, mit der dichtesten Bündelung von Strahlung versorgt wird. Der Einfallswinkel bestimmt die Zustrahlungsintensität. Je schräger die Erdoberfläche zu den Sonnenstrahlen steht, desto größer ist die Fläche, auf die sich die Strahlung verteilt.
Auf der Erdoberfläche misst man, je nach der Lage in einer der **Beleuchtungszonen,** unterschiedliche Temperaturen. Die Temperatur ist ein wichtiges Klimaelement. Die griechischen Verben „neigen" oder „beugen" führen zum Wort Klima. Das deutet an, wie wichtig die Position der Erde zur Sonne und der Einfallswinkel der Sonnenstrahlen am jeweiligen Ort sind.

> **TIPP:** Je größer die Gradzahl des Breitengrades ist, auf dem ein Ort sich befindet, desto kleiner ist die Strahlungsmenge, die er im Verlauf eines Jahres erhält.

Warum stirbt die Erde nicht den Klimatod?

Die Erde ohne **Rotation** wäre eine Kugel mit einer Tag- und einer Nachtseite. Es gäbe einen Glutpol um den Punkt auf

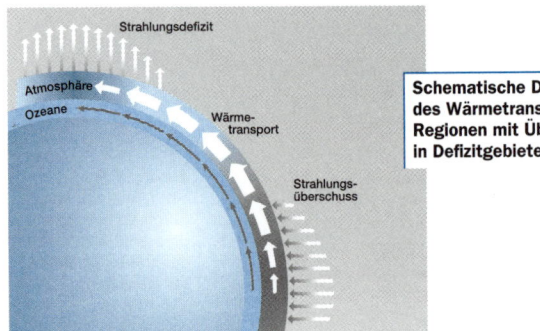

Schematische Darstellung des Wärmetransports aus Regionen mit Überschuss in Defizitgebiete

der Erdoberfläche, der der Sonne am nächsten stünde. Ein *Kältepol* existierte auf der sonnenabgewandten Seite. Strahlungsüberschuss und Strahlungsdefizit stünden einander gegenüber.

Um den von großer Auskühlung bedrohten Randgebieten als Ausgleich Wärme zukommen zu lassen, käme es zum *Wärmetransport*. Bei unserem nicht rotierenden Planeten würde dieser *Wärmetransport* vom Hitzepol zu allen Rändern der dauerhaften Tagseite erfolgen. Auf unserer rotierenden Erde beobachten wir jedoch einen meridionalen *Wärmetransport*, d. h. einen *Wärmetransport* in Richtung der Pole.

Wie funktioniert Wärmetransport?

Die in Äquatornähe auftreffenden Sonnenstrahlen werden von der Erdoberfläche absorbiert, d. h. aufgenommen und in Wärme umgewandelt. Diese Wärme wird an die umgebende Luft abgegeben. Da die erwärmte Luft sich ausdehnt, wird sie leichter und steigt über der „Heizfläche" auf: Der Druck der Luftsäule auf der Oberfläche nimmt an dieser Stelle ab – ein *Bodentief* entsteht. In den *Polargebieten* ist der Vorgang umgekehrt, dort ist die kalte **Luft dichter** und damit schwerer, sie sinkt ab – ein *Bodenhoch* bildet sich.

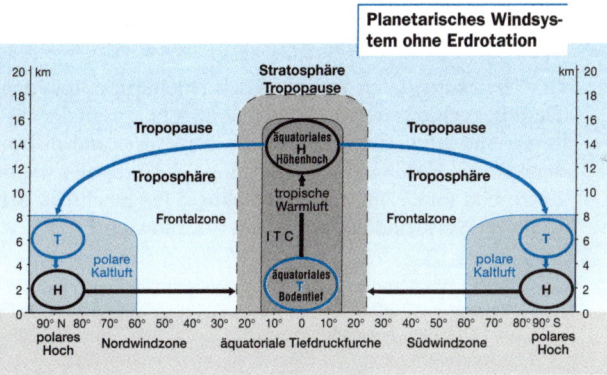

Planetarisches Windsystem ohne Erdrotation

In der Höhe fehlt dann Luft, es gibt dort ein *Höhentief*. Da es über dem Äquator in der Höhe einen Überschuss an Luft gibt, fließt Luft als *Druckausgleich* vom *Höhenhoch* zu diesem polaren *Höhentief*. Diese Luft fällt der kalten Po-larluft hinterher. Die überschüssige kalte Luft kann dann in das Gebiet des Luftmangels am Äquator abfließen und sich von der heißen Oberfläche erwärmen lassen. Die aufstei-genden und absteigenden Luftmassen in den Regionen um den Äquator und in den Polarregionen sind der große Mo-tor für die Luftströmungen in der Atmosphäre, aus denen unser Wetter entsteht.

Der *Druckausgleich* zwischen den Hochdruck- und den Tiefdruckgebieten würde auf der Nordhalbkugel in der Hö-he als Südwind (aus Richtung des Äquators) und in Bo-dennähe als Nordwind (aus Richtung des Nordpols) wahr-zunehmen sein – auf der Südhalbkugel umgekehrt in der Höhe als Nordwind und am Boden als Südwind.

uft

Vom Wirken der Erdatmosphäre

Die Erde ohne Atmosphäre

Ohne Dämmerung und schlagartig beginnt unser Tag. Eben war der Horizont tiefschwarz, jetzt wirft die Sonne jäh ihre Strahlen ungefiltert auf die Spitzen der Berge. Diese ragen wie schimmernde Leuchttürme aus tiefer Dunkelheit auf. Die unbeleuchteten Stellen bleiben undurchdringlich schwarz.

Nun geht der große Glutball auf und wirft sein brennendes Licht auf eine Wüstenlandschaft. Es ist die Hölle auf Erden. An der Sonnenseite wird die Erdoberfläche auf bis zu 150 °C erhitzt. Alle Feuchtigkeit verdampft. Die unbestrahlte Seite fällt in bitterkalte Nacht, es wird bis zu -150 °C kalt. Der Himmel umgibt die Erde wie ein großer schwarzer Raum …

Der Aufbau der Atmosphäre

Die Atmosphäre ist eine Gashülle, die den Globus umgibt. Sie wird mitgeführt bei der *Rotation* der Erde. Sie entschwindet nicht in den Weltraum, da sie der Massenanziehung der Erde gehorchen muss. Dieser steht die Fliehkraft der Erdbewegung gegenüber. An den Polen reicht die Lufthülle in geringere Höhen, am Äquator ist sie ausgebeult. Dort ist die Mitführgeschwindigkeit schneller als der Schall, daher ist dort auch die Fliehkraft am größten.

Die Atmosphäre ist in Schichten aufgebaut. In der untersten, der bodennahen Schicht finden alle Umwälzungsprozesse statt, sie ist die *Wetterschicht*. Den Ausgleich zwischen Gebieten mit Energieüberschuss und Gebieten mit Energiemangel leisten die Atmosphäre und die Ozeane. Sie stellen die nötigen Energiespeicher zur Verfügung. Die Temperatur in dieser *Troposphäre* nimmt mit der Höhe ab, denn sie wird hauptsächlich von der Erdoberfläche her erwärmt.

TIPP: Ein Beispiel aus dem Haushalt: Einem Elektroherd wird Energie in Form von Strom zugeführt. Die Herdplatte erwärmt sich und erwärmt die Speise im Topf von unten her. Nach Abschalten des Stroms (entsprechend dem Untergang der Sonne in der Natur) kühlen Speise und Platte mit Verzögerung von oben her langsam ab.

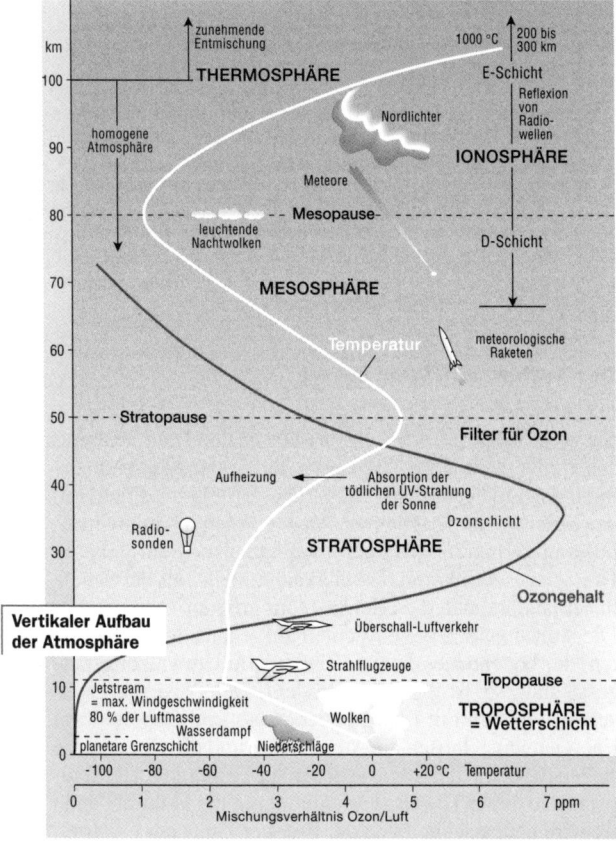

Vertikaler Aufbau der Atmosphäre

Ozon ...

Warum reichen Wolken nicht bis in die Stratosphäre?

Die *Troposphäre* ist nach oben durch eine Temperatur-*inversion* verschlossen (➠ *Inversion*, S. 23). Ab der Tropopause bleibt die Temperatur bis zum Erreichen der Ozonschicht in rd. 20 km Höhe gleich. Die Luftmassen haben also keine Tendenz mehr aufzusteigen, denn die umgebende Luft kann nicht kälter sein und eine warme, leichtere Luft zum Aufsteigen zwingen. Nach oben hin wird das Ganze weiter stabilisiert: In der *Stratosphäre* nimmt die Temperatur zu. Dort filtert das Ozon das hautkrebserzeugende UV-B-Licht aus der Atmosphäre.

Vorausgesetzt, die Ozonschicht ist nicht zerstört, so werden rund 55% der *UV-Strahlen* aufgenommen. Dies ist mit einer Temperaturzunahme verbunden. Auf Höhe der Stratopause ist das Licht noch völlig ungefiltert. Deswegen kann dort im Verhältnis zur Ozonmenge besonders viel absorbiert werden. Die Temperatur ist physikalisch definiert durch die Geschwindigkeit der Luftmoleküle. Wegen der bereits starken Verdünnung der Luft könnte die Temperaturzunahme von Menschen nicht wahrgenommen und mit Thermometern nicht gemessen werden.

TIPP: Ozon nimmt einen großen Teil der UV-B-Strahlung auf. Im Umkehrschluss bedeutet dies, dass mit der Höhe die Dichte der UV-B-Strahlung zunimmt. Dort wächst die Wahrscheinlichkeit, dass jedes Ozonmolekül UV-B-Strahlung aufnimmt. Da diese Strahlung energiereich ist, nimmt mit der Höhe auch die Temperatur zu.

Was ist ein Ozonloch?

Von einem *Ozonloch* sprechen die Wissenschaftler, wenn mehr als 50 % des Ozons an einer Stelle der Atmosphäre zerstört sind. Dann können mehr *UV-Strahlen* die Erdoberfläche erreichen. Folgen sind ein Rückgang der Planktonproduktion der Meere, eine Verschiebung des Artenspektrums, Erblindungen bei Tier und Mensch sowie Hautkrebs.

Schuld ist der Ausstoß so genannter Ozonkiller wie *FCKW* durch den Menschen, deren Verwendung durch das Protokoll von Montreal (1992) ab 1996 eingestellt werden sollte. Da *FCKW* nur sehr langsam in der Atmosphäre aufsteigen und sehr langlebig sind, werden sie die Ozonschicht noch über Jahrzehnte schädigen.

... und Sommersmog

Ist Ozon giftig?

In Bodennähe ist Ozon ein Gas, das unsere Schleimhäute angreift. Atembeschwerden und Augenreizung können die Folge sein. Ab einem Wert von 180 Mikrogramm pro Kubikmeter Luft gibt es die erste *Ozonwarnung*, ab 240 Mikrogramm können verkehrsbeschränkende Maßnahmen ergriffen werden. Autos und Kraftwerke stoßen Schadstoffe wie Stickstoffoxide ($NO_x = NO + N_2O$) aus. N_2O wird vom Sonnenlicht in Stickstoffmonoxid und atomaren Sauerstoff gespalten. Molekularer Sauerstoff verbindet sich mit diesem losen Sauerstoffatom zu Ozon (O_3).

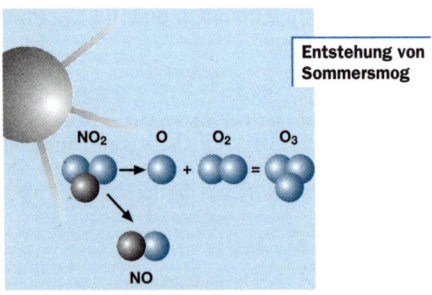

Entstehung von Sommersmog

TIPP: Für schadenfreies Joggen im Sommer gilt: Je weniger Luftbewegung und je mehr Sonnenschein (und damit auch mehr UV-B-Licht) es gibt, desto größer ist die Wahrscheinlichkeit, dass in der stehenden Luft unter Mithilfe von Schadstoffen aus dem Kraftfahrzeugverkehr und der Stromerzeugung Ozon entsteht.

Luft und Temperatur

Wintersmog und *Inversion*
Wie entsteht Wintersmog?

Voraussetzung ist eine *Inversionswetterlage*: Bei windarmem Wetter sammelt sich, z. B. in einem Tal, kalte Luft. Gleitet darüber eine Schicht wärmerer, also leichterer Luft, dann wirkt sie wie eine Sperre. Die kalte Luft erwärmt sich zwar am Boden, bleibt aber kühler und damit schwerer als die Warmluft; sie bleibt unter ihr gefangen. Schadstoffe aus Verkehr und Siedlungen reichern sich in dieser Luft an und belasten die Atemwege.

Beendet wird die *Inversion* durch den frischen Wind einer Zyklone (⟾ S. 88). Er wirbelt die Luftschichten durcheinander und bläst sie fort.

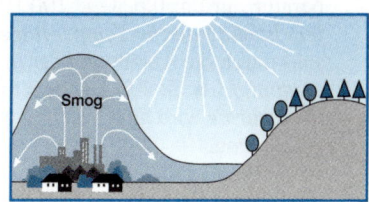

Katabatischer Wind ...
Kann Luft vom Himmel fallen?

Der Katabatische Wind ist ein so genannter *Schwerewind*, der unabhängig von den Druckverhältnissen entsteht. Daran lässt sich gut eine der physikalischen Eigenschaften der Luft verdeutlichen: An einer kalten Masse, z. B. einem Eisberg oder Felshang, fällt erkaltete Luft einfach herunter, da sie aufgrund der geringeren Temperatur bei gleichem Rauminhalt ein größeres Gewicht hat. Sie zieht sich regelrecht zusammen. Der *Schwerewind* hat meist eine geringe Erstreckung in der Höhe. Er tritt besonders an Küsten mit erhöhtem, gebirgigem Hinterland auf und kann nach dem Abfall durch die Täler einen ablandigen thermischen Wind in der Nacht (⟾ Landwind, S. 66, Bora, 72) verstärken.

... und Temperaturgradienten

Warum kann man in den Alpen so prima Ski fahren?

Steigt Luft in der Atmosphäre auf, so dehnt sie sich wegen des geringer werdenden Druckes aus. Dabei sinkt ihre Temperatur (die Energie wird auf ein größeres Volumen verteilt). Je höher man in das Gebirge steigt, desto kälter wird es. Bei Luft mit geringer *relativer Luftfeuchtigkeit* (➡ S. 37) beträgt die Temperaturabnahme 1 °C je 100 m Höhendifferenz. Diese Temperaturveränderung wird *trockenadiabatischer Temperaturgradient* genannt (adiabatisch bedeutet ohne Wärmeaustausch).

Bei Luft mit hoher *relativer Luftfeuchtigkeit* sinkt die Temperatur nur um 0,6 °C je 100 Höhenmetern. Dies ist der *feuchtadiabatische Temperaturgradient*. Hierbei kondensiert durch die Abkühlung der in der Luft enthaltene *Wasserdampf* (➡ S. 40). Die dabei frei werdende *Kondensationswärme* wird an die Luft abgegeben und verringert die Abkühlung.

In der Regel gehen beim Aufstieg von Luftmassen am Gebirge beide Vorgänge ineinander über. Zunächst kühlt sich die Luft so weit ab, dass die *relative Luftfeuchtigkeit* 100 % erreicht – den *Taupunkt*.

Von nun an kondensiert der in der Luft vorhandene *Wasserdampf*, Wolken bilden sich, und es kommt zu Niederschlägen (➡ S. 53).

TIPP: Wetterverschlechterungen im Gebirge sind zumeist noch schwerer vorauszusehen als im Flachland. Eine Luftmasse im Tal, die sich im Verhältnis zu ihrer Temperatur nur wenig mit *Wasserdampf* vollgesogen hat, scheint ungefährlich: Verräterischer Dunst ist nicht zu bemerken.

Wird sie aber gezwungen, einen Berg zu erklimmen, dann kann sie wegen der starken Abkühlung bereits nach wenigen hundert Höhenmetern mit dichtesten Wolken gefüllt sein und durch heftigste Turbulenzen, Sichtbehinderung und Niederschläge jeden Bergsteiger gefährden.

Dabei gilt: je steiler das zu überwindende Relief, desto schlagartiger der Umschwung.

Wie entstehen die Gletscher im Hochgebirge?

Mit der Höhe nehmen die durchschnittlichen Jahressummen der Niederschläge rasch zu. In den Alpen kann man mit rund 1000 mm Niederschlag pro 1000 Höhenmetern rechnen. In Höhen über 3000 m fallen in den Alpen die Niederschläge auch im Sommer meist als Schnee. Taut der Schnee über Jahre nicht ab, so verdichtet er sich allmählich zu Eis. *Gletscher* entstehen.

Durch die Temperaturabnahme bei zunehmender Höhe entstehen *Höhenstufen* des Klimas und der Vegetation, die in etwa der Gliederung des Klimas und der Vegetation nach den Breitenkreisen entsprechen. Selbst in der heißesten Zone der Erde, in den *inneren Tropen*, gibt es ewigen Schnee. Man muss allerding, wie beim Kilimandjaro, über 5500 m in die Höhe steigen. Alexander von Humboldt hat in Südamerika die Höhengliederung des Klimas mit den Höhenschichten der Vegetation herausgearbeitet. Polares Klima (➠ S. 120) kann z. B. der Tierra Nevada (Schneeland ab 4500 Höhenmetern), die Tierra templada (gemäßigtes Land zwischen 800 und 1800 Höhenmetern) einem gemäßigten Klima der mittleren Breiten entsprechen.

> **TIPP:** In allen Klimazonen der Erde gilt: Ist der *Wasserdampf* in der Luft unsichtbar, nimmt die Temperatur von der Höhenstufe aus gesehen, auf der meine Wanderung beginnt, um je 1 °C pro 100 Höhenmeter Aufstieg zu. Sobald der *Wasserdampf* sichtbar wird, ich z. B. in eine Wolkenbank gerate, so vermindert sich die Temperaturabnahme auf 0,6 °C pro 100 Höhenmeter.

Föhn ...

Wie entsteht Föhn?

Trübes Wetter in Süddeutschland, doch in München sitzen die Menschen bei strahlendem Sonnenschein und angenehmen Temperaturen im Freien. Verantwortlich ist, wie häufig im Jahr, der *Föhn*. Wie entsteht er? Über Süddeutschland liegt ein Tief, über Norditalien ein Hoch. Die Ausgleichsströmung zwischen beiden Druckgebieten muss die Alpen überqueren. Dabei steigt die Luft feuchtadiabatisch auf, Wolken bilden sich und regnen sich ab. Sobald die Alpen überquert sind, beginnt der trockendiabatische Abstieg, die Wolken lösen sich auf, die Luft erwärmt sich. Föhn erkennt man an den *Föhnwolken*, die über den Gipfeln stehen (Altocumulus lenticularis, Föhnlinsen, ⟳ Wolken, S. 45).

> **TIPP:** Föhnlinsen sind Wetterzeiger: Sind wir selbst in einem Gebiet mit klarem Wetter und schieben sich Föhnlinsen über den Bergkamm, dann lohnt es nicht, auf die andere Seite zu fahren, dort gibt es kein ideales Wanderwetter, sondern nur Niederschlag.

Nehmen wir an, eine Luftmasse mit 16 °C Ausgangstemperatur muss 3000 Höhenmeter überwinden, dann kühlt sie sich feuchtadiabatisch um 18 °C ab. Sinkt sie jenseits der Alpen um den gleichen Betrag, so erwärmt sie sich trockenadiabatisch um 30 °C, wird also um 12 °C wärmer als die ursprüngliche Luftmasse.

Die Luft ist nicht nur angenehm warm, sie ist auch sehr trocken und sehr klar, sodass sie beste Fernsicht bietet. Nicht alle Menschen können das warme, sonnige Wetter genießen, Wetterfühlige leiden unter Schlafstörungen, Unkonzentriertheit, mitunter auch unter Übelkeit und Depressionen.

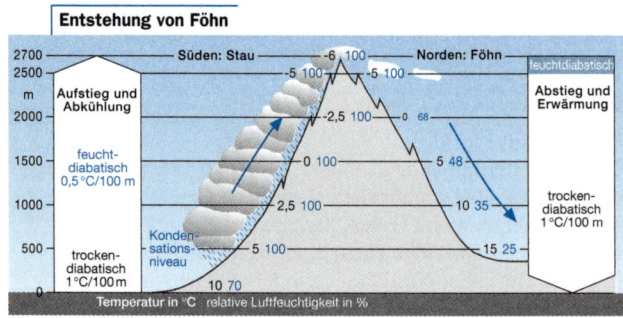

Entstehung von Föhn

Bei Wintersportlern ist der Föhn unbeliebt, denn der plötzliche Wärmeeinbruch kann Schneedecken schnell abschmelzen lassen. Die Bergbauern hingegen freuen sich über diesen Wind, wenn er im Frühjahr kommt. Er trocknet die Wiesen schnell aus und erwärmt sie, das Gras beginnt früher zu wachsen. Das ist gut für eine frühe erste Heuernte. Föhn ist auch in einigen Mittelgebirgsregionen häufig, z. B. zwischen Schwarzwald und Vogesen. Allerdings wird er dort nicht so kräftig, da die Gebirge wesentlich niedriger sind als die Alpen. Föhn kann sogar im Tiefland vorkommen, so genannter freier Föhn. Voraussetzung ist ein sehr stabiler kräftiger Kaltluftberg, über den eine bewegliche Luftmasse hinwegsteigen muss.

Ist Föhn immer warm?

Föhn kann auch vom Norden kommen und den Alpensüdhang herunterwehen. Er wird in Norditalien meist nicht als warmer Wind empfunden, denn die Ausgangsluftmasse nördlich der Alpen war recht kalt und nicht unbedingt sehr feucht. Daher ist dieser Föhn bei seiner Ankunft kaum wärmer als die ursprüngliche Luft an den Füßen der Berge. Am deutlichsten spürbar ist die Trockenheit der Luft. Dieser Wind wird in Italien *„Tedesco"* (Deutscher) genannt.

... und Libeccio

Gibt es Föhn nur in den Alpen?

Man nennt alle Erscheinungen, die wie der Föhn funktionieren, auch in anderen Gebieten nach ihm. Föhnlinsen kann man auch über Korsika entdecken. Hier künden sie von dem regionalen Wind Libeccio. Er weht aus Südwesten zur Westküste Korsikas. Er kommt meist im Sommer und kann die **Seebrise** nachmittags verstärken. Wie der Föhn, so regnet auch er sich an der Luvseite der gebirgigen Insel ab und ist dann auf der Leeseite trocken. Er kann als *Fallwind* in den Tälern im Nordosten der Insel hohe Geschwindigkeiten erreichen und erhebliche Schäden anrichten.

Licht

Der Strahlungshaushalt

Einstrahlung
Warum bräunen wir?

Auf die Atmosphäre der Erde trifft hauptsächlich **kurzwellige Strahlung** (ultraviolett, sichtbar und nahes infrarot). Sie wird bereits durch *Reflexion* in der *Troposphäre* zum Teil davon abgehalten, ganz durchzudringen. 24 % dieser Strahlung werden von Wolken, 6 % von sonstigen Teilchen in der Luft in den Weltraum reflektiert. Bei der Einstrahlung nehmen die Atmosphäre und die Wolken zusammen bereits 17 % der kurzwelligen Strahlung auf und setzen sie in Wärme um. So können sich beispielsweise Wolken allein durch Sonnenschein auflösen, ohne der Wärmequelle Erde näher zu kommen, was z. B. durch Absinken der Fall wäre.

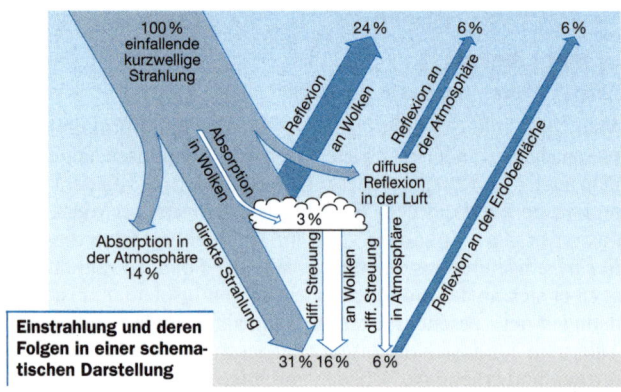

Einstrahlung und deren Folgen in einer schematischen Darstellung

31 % der direkten Strahlung gelangen auf die Erdoberfläche und können diese erwärmen. Die Strahlung verursacht auch auf der Haut des Menschen Erwärmung, unabhängig davon, ob er sich hinter Glas befindet oder nicht. Die **Bräunung der Haut** ergibt sich durch Pigmentverfärbungen in der Haut als Schutzreaktion des Körpers gegen eindringende UV-A-Strahlung bei ungehinderter Einstrahlung.

... und diffuses Himmelslicht

Sonnenbrand trotz Wolkendecke, geht das?

Wenn kurzwelliges Licht an Wolken oder sonstwie in der Atmosphäre gestreut wird, sprechen wir von diffusem Himmelslicht oder von **diffuser Strahlung.** Steht die Sonne bei klarer Sicht hoch über dem Horizont, dann ist die Gesamtstrahlung groß und der Anteil des diffusen Himmelslichts an dieser Gesamtstrahlung gering. Die direkte Einstrahlung überwiegt. Wir schützen uns reflexhaft gegen das starke Sonnenlicht mit einer Sonnenbrille. UV-Schutz für die Haut wird aufgelegt. Haben wir bei gleichem Sonnenstand einen hohen Bewölkungsgrad, oder ist der **Wasserdampf**- und Aerosolgehalt hoch, dann wird eine größere Einstrahlungsmenge daran gehindert, direkt bis nach unten durchzukommen. Die **diffuse Strahlung** ist aber sehr groß.

> **TIPP:** Je dunstiger das Wetter im Hochsommer ist, desto größer ist der Anteil des diffusen Lichts an der Erdoberfläche. Je klarer die Sicht wird, desto höher wird der Anteil der direkten Strahlung. Die maximale Einstrahlung bei direkter Einstrahlung hängt vom Sonnenstand ab, der sich aus der Breitenlage und den **Jahreszeiten** (⮕ S. 96) ergibt. Die Summe des diffusen Lichts ist geringer, da ein Teil der Zustrahlung in den Wolken in Wärme umgesetzt wird oder an der Oberfläche in den Weltraum reflektiert wird.

Für die Erdoberfläche bedeutet diffuses Licht eine indirekte Einstrahlung. Deren Stärke wird häufig unterschätzt. Immerhin können 22 % der in die Atmosphäre einfallenden kurzwelligen Strahlung die Erdoberfläche erreichen.

Reflexion und Albedo

Schneeblind, warum?

Nicht nur an Wolken und in der Atmosphäre, auch von der Erdoberfläche kann kurzwellige Strahlung reflektiert werden. In der Strahlungsbilanz sind es insgesamt 6% der gesamten kurzwelligen Strahlung. Je höher der **Grad der *Reflexion*** an einem Gegenstand ist, desto höher ist die so genannte *Albedo*. Schnee hat wegen seiner kleinen Kristalle solch eine hohe Fähigkeit zum Wiederspiegeln von Licht. Er vermindert damit nicht nur das Schmelzen durch Aufnahme der Strahlen, er kann auch für unsere Netzhäute von Schaden sein. Ebenso verhält es sich mit schräg bestrahlten, glitzernden Wasseroberflächen.

TIPP: Wer vom Schnee auf dem Kilimandjaro berichtet, ist kein Aufschneider. Trotz der hohen Einstrahlung in der Nähe des Äquators kann auf dem Berg Schnee fallen und liegen bleiben. Infolge des hohen *Albedos* wird der größte Teil der Strahlung reflektiert. Außerdem ist in über 5000 m Höhe die Lufttemperatur gering (➡ *Temperaturgradient*, S. 24), und nach Sonnenuntergang setzt schnell Frost ein.

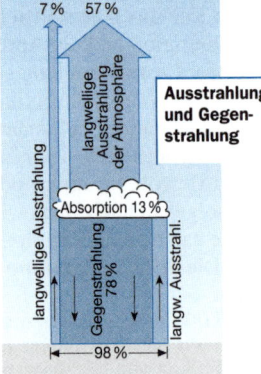

Absorption, Wärmestrahlung und natürlicher Treibhauseffekt

Warum wird es im Sommer in geparkten Autos so heiß?

Kurzwellige Strahlung dringt durch die Scheiben ein und fällt auf die Inneneinrichtung und die Sitze. Dort wird sie (neben ein wenig *Reflexion*) absorbiert und in langwellige *Wärmestrahlung* umgewandelt. Je dunkler die betreffenden Flächen sind, desto größer ist die Absorption im Verhältnis zur *Reflexion* (die *Albedo* verringert sich). Die Sitze werden heißer als das Autodach außen und erwärmen die Luft des Autoinnenraums. Nun halten die Scheiben die *Wärmestrahlung* davon ab, hinauszudringen. Ebenso verhält es sich mit der Atmosphäre. Wie der Autositz gibt die Erdoberfläche 98 % der langwelligen Strahlung wieder ab. Durch ein etwas geöffnetes Autofenster gelangen lediglich 7 % der langwelligen Strahlung in den Weltraum. 13 % der *Wärmestrahlung* werden von der Atmosphäre absorbiert. Das Leben wird durch die sogenannte *Gegenstrahlung* möglich: Die Atmosphäre strahlt 78 % der verloren gegangenen Wärmeenergie wieder an die Erdoberfläche zurück (➠ Ausstrahlung und *Gegenstrahlung*, S. 30). Dies ist der *natürliche Treibhauseffekt*.

Ist Treibhauseffekt nicht tödlich?

Die mittlere Jahrestemperatur auf der Erde beträgt +15 °C. Ohne den *Treibhauseffekt* läge sie bei -18 °C. Er erst ermöglicht das Leben. Der *natürliche Treibhauseffekt* sorgt dafür, dass wir weder erfrieren, noch verbrennen, noch verdursten. Dank der Atmosphäre und ihrer sowohl abwehrenden als auch speichernden Eigenschaften ist das Klima der Erde – zum Vorteil aller Lebewesen – nicht nur das Ergebnis der zugestrahlten, sondern auch der transformierten und transportierten Energie aus dem Atomofen Sonne.

Wieso wird es in sternenklaren Nächten so kalt?

Im Winter müssen wir mitunter klirrende Kälte ertragen. Auch in der Wüste ist es nachts bitterkalt, obwohl es tagsüber unmenschlich heiß ist. Bei sternenklarem Himmel wird die langwellige *Wärmestrahlung* der Erdoberfläche direkt an den Weltraum abgegeben. Eine dichte Wolkendecke hingegen nimmt die *Wärmestrahlung* auf und sendet einen Großteil davon als *Gegenstrahlung* zurück.

> **TIPP:** Je geringer die *Gegenstrahlung* der Atmosphäre an einem Ort, desto größer die effektive Ausstrahlung und Abkühlung.

Klimaveränderungen durch den zusätzlichen Treibhauseffekt

Die Atmosphäre nimmt alle Wärme auf, deshalb schmelzen die Polkappen?

Nein, die Atmosphäre befreit sich von überschüssiger Wärme durch langwellige Ausstrahlung in den Weltraum. Damit kommt es zum Energieausgleich. Die Summe der reflektierten und abgestrahlten Energie ist wieder 100 %. Der natürliche *Treibhauseffekt* wird allerdings durch den Menschen durch einen *zusätzlichen Treibhauseffekt* verstärkt. Dies geschieht durch die Zunahme von Gasen in der Atmosphäre, die Energie speichern. Für den *Wärmetransport* sind der *Wasserdampf* und verschiedene Gase entscheidend. *Kohlendioxid* ist mit rund 0,03 Vol. % nur in geringen Mengen in der Atmosphäre enthalten. Sein Anteil ist in 140 Jahren der Industrialisierung durch die Verbrennung von fossilen Energieträgern wie Kohle und Erdöl aber von 0,029 auf 0,037

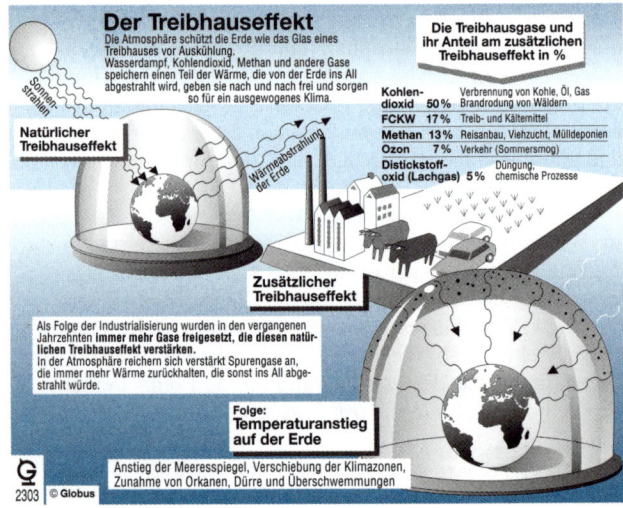

Der Treibhauseffekt
Die Atmosphäre schützt die Erde wie das Glas eines Treibhauses vor Auskühlung.
Wasserdampf, Kohlendioxid, Methan und andere Gase speichern einen Teil der Wärme, die von der Erde ins All abgestrahlt wird, geben sie nach und nach frei und sorgen so für ein ausgewogenes Klima.

Sonnenstrahlen

Natürlicher Treibhauseffekt

Wärmeabstrahlung der Erde

Die Treibhausgase und ihr Anteil am zusätzlichen Treibhauseffekt in %

Kohlendioxid	50 %	Verbrennung von Kohle, Öl, Gas Brandrodung von Wäldern
FCKW	17 %	Treib- und Kältemittel
Methan	13 %	Reisanbau, Viehzucht, Mülldeponien
Ozon	7 %	Verkehr (Sommersmog)
Distickstoffoxid (Lachgas)	5 %	Düngung, chemische Prozesse

Zusätzlicher Treibhauseffekt

Als Folge der Industrialisierung wurden in den vergangenen Jahrzehnten **immer mehr Gase freigesetzt, die diesen natürlichen Treibhauseffekt verstärken.**
In der Atmosphäre reichern sich verstärkt Spurengase an, die immer mehr Wärme zurückhalten, die sonst ins All abgestrahlt würde.

Folge: Temperaturanstieg auf der Erde

Anstieg der Meeresspiegel, Verschiebung der Klimazonen, Zunahme von Orkanen, Dürre und Überschwemmungen

© Globus
2303

Vol. % gestiegen. Kleine Ursache, große Wirkung: Man geht im günstigsten Fall von einer vom Menschen bedingten *Erwärmung der Atmosphäre* von 3 °C von 2000 bis 2100 aus.

Haben am zusätzlichen Treibhauseffekt auch die Kühe Schuld?

Nicht nur das *Kohlendioxid* steigert die Speicherfähigkeit der Atmosphäre. Aus Reisfeldern, Schafdärmen und besonders bei der Massenhaltung von Rindern wird Methan freigesetzt. Auch hier ist der Mensch verantwortlich. Die Temperaturerhöhung kann verschiedene *Klimaveränderungen* mit sich bringen. In Polynesien fürchtet man den Anstieg des Meeresspiegels. Die Atolle gehen unter. Klimazonen können sich verschieben. In der Hudsonbai verlängert sich die eisfreie Zeit. Der Lebensraum der Eisbären schrumpft, da sie das Packeis zum Jagen brauchen. Man geht davon aus, dass sie aussterben werden. Die Nordwestpassage nördlich von Kanada wird allmählich eine ganzjährig befahrbare Wasserstraße. Die Folgen der Erwärmung können völlig unterschiedlich bewertet werden: Hier ergibt sich der Vorteil von Energieersparnis. Der Weg von Europa nach Asien wird dadurch im Vergleich zur Fahrt durch den Panamakanal um ein Drittel verkürzt.

Ehemals unwirtliche Gebiete werden urbar, können für die Landwirtschaft genutzt werden. In Sibirien wird man sich über eine Verkürzung des Winters freuen. Die Waldgrenze kann sich dort wie auch in Nordamerika nach Norden verschieben. Die größeren Waldflächen können dann bei der Berechnung des erlaubten CO_2-Ausstoßes eingebracht werden. Gegensätze prallen aufeinander: Die USA als größter CO_2-Produzent fürchten bei einer Beschränkung der Ausstoßmengen negative Folgen für ihre Wirtschaft. In Afrika verliert der Viktoriasee immer mehr Wasser und wird von Wasserhyazinthen überwuchert, der Kilimandjaro wird bald schneefrei sein, die Wüsten wachsen. Alles Auswirkungen, die ein Kontinent zu ertragen hat, der noch nicht einmal mit 4 % an der weltweiten Treibhausgasproduktion beteiligt ist. ▶ S. 36

In Klimatabellen werden die Mittelwerte von Temperaturen und Niederschlägen für die einzelnen Monate des Jahres angegeben. Anschaulicher als Tabellen sind Diagramme. Mithilfe von Klimadiagrammen lassen sich die Werte verschiedener Orte schnell und leicht miteinander vergleichen. Im Klimadiagramm werden die Monatsmitteltemperaturen als Kurve (rot) und die monatlichen Niederschlagssummen als Säulen (blau) eingezeichnet.

Den Maßstab wählen wir so, dass in der Skala 10 °C der Monatsmitteltemperatur 20 mm Niederschlag entsprechen. Dies hat den Vorteil, dass man mit einem Blick erkennen kann, ob ein Monat humid (feucht) oder arid (trocken) ist:

➠ Wo die Temperaturkurve über den Niederschlagssäulen verläuft, wird die Fläche zwischen der Kurve und den Säulen gelb eingefärbt. Dies zeigt aride Monate an.

➠ In den humiden Monaten liegt die Temperaturkurve innerhalb der Niederschlagssäulen. Die Niederschlagsmenge bis zur Temperaturkurve entspricht etwa der Wassermenge, die verdunstet. Größere Mengen werden von der Vegetation aufgenommen, versickern oder fließen ab.

Mit einem Blick kann man auch erkennen, welche Monate die höchsten und welche die niedrigsten Werte bei den Temperaturen und den Niederschlägen aufweisen. Man spricht dabei von einem Maximum (höchster Wert) und einem Minimum (niedrigster Wert) der Temperatur bzw. der Niederschläge. Die Differenz zwischen dem höchsten und dem niedrigsten Wert ist die Amplitude. Um einen Ort einer Klimazone oder enem Klimatyp zuordnen zu können, ist vor allem die Bestimmung der Temperaturamplitude wichtig.

Klimadiagramme werden gewöhnlich kleiner dargestellt als das Beispiel Konstanza. Am Beispiel Berlin-Dahlem (Abb. 21.1) zeigen wir, wie man ein Klimadiagramm interpretiert, d. h. liest und erklärt.

Klimadiagrammen

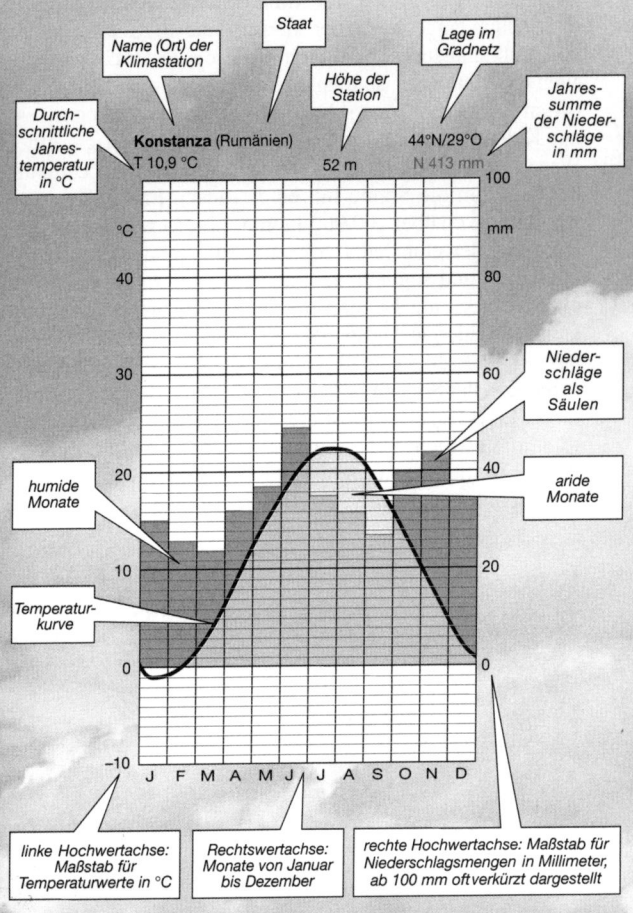

Konstanza (Rumänien) — 44°N/29°O

T 10,9 °C — 52 m — N 413 mm

Staat

Name (Ort) der Klimastation

Höhe der Station

Lage im Gradnetz

Jahressumme der Niederschläge in mm

Durchschnittliche Jahrestemperatur in °C

Niederschläge als Säulen

humide Monate

aride Monate

Temperaturkurve

linke Hochwertachse: Maßstab für Temperaturwerte in °C

Rechtswertachse: Monate von Januar bis Dezember

rechte Hochwertachse: Maßstab für Niederschlagsmengen in Millimeter, ab 100 mm oft verkürzt dargestellt

Sonnenflecken

Es gab doch Eiszeiten, ist die Erwärmung vielleicht eine ganz natürliche Warmzeit?

Wohl auch. Das Klima war immer Schwankungen ausgesetzt, schon lange, bevor der Mensch eingriff. Staubwolken von Vulkanausbrüche können die Erde verdunkeln, aber auch die Stärke der Sonnenstrahlung, gemessen beim Eintritt in die Atmosphäre, schwankt. Nimmt sie ab, kommt es zur Kaltzeit (oder Eiszeit), nimmt sie zu, so bricht eine Warmzeit an. Geringfügige Abweichungen beim Umlauf der Erde um die Sonne führen zu diesen Ereignissen im Rhythmus von über 100 000 Jahren. Eine kurzfristigere Erwärmung der globalen Temperatur (im Rahmen von Jahrhunderten und sogar Jahrzehnten) wird durch Sonnenflecken verursacht, die man mit dem Fernrohr beobachten kann. Die Energie der Sonne wird dadurch erhöht. Die Temperatur der Erdoberfläche nahm im letzten Jahrhundert entsprechend der Sonnenaktivität zu. Man geht davon aus, dass dieser Effekt zu einem Drittel zur derzeitigen Warmzeit beiträgt, die restlichen zwei Drittel werden durch die Zunahme der Treibhausgase verursacht. Der Mensch verstärkt und beschleunigt also einen natürlichen Vorgang.

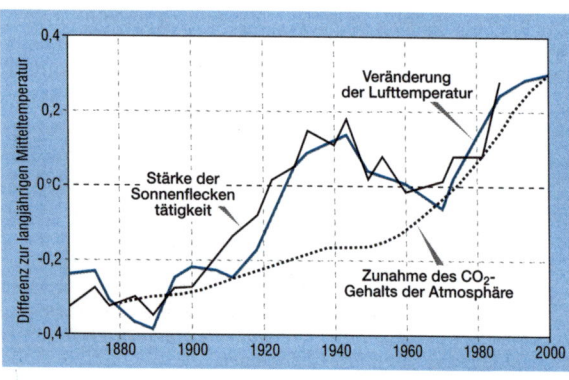

Wasser

Wasser in der Atmosphäre

Luftfeuchte und Taupunkt

Wasser in der Atmosphäre, Du meinst den Regen?

Die Atmosphäre enthält Luft in unterschiedlicher Form. Es ist sichtbar, meist aber unsichtbar, auch fühlbar und messbar. Ein wichtiges Wetterelement, das gemessen wird und in *Wetterberichten* auftaucht, ist die *Luftfeuchte*.

Hier unterscheiden wir zwei Arten:

Die absolute Luftfeuchte. Sie gibt das Gewicht des *Wasserdampf*es in einem Kubikmeter Luft an. Die Messung ergibt z. B. den Wert von 6,8 g/m³ an einem Messpunkt zu einer bestimmten Zeit.

Die relative Luftfeuchte. Die Aufnahmefähigkeit der Luft für *Wasserdampf* ist begrenzt. Dabei ist die Temperatur der Luft ausschlaggebend für die Menge, die jeweils aufgenommen werden kann. Je wärmer die Luft ist, desto mehr *Wasserdampf* kann sie aufnehmen. Wird Luft abgekühlt, so verliert sie einen Teil ihrer Speicherkapazität für *Wasserdampf*. Die relative Luftfeuchte bezeichnet das Verhältnis zwischen in der Luft vorhandener *Wasserdampf*menge (also der absoluten Feuchte in g/m³) zur höchstmöglichen Aufnahmemenge bei einer bestimmten Temperatur.

> **TIPP:** Je kühler ein Luftpaket ist, desto wahrscheinlicher ist es mit *Wasserdampf* gesättigt. Wer also einen Wohnraum befeuchten will, wird bei höherer Raumtemperatur mehr Wasser verdunsten müssen, damit die *relative Luftfeuchtigkeit* 100 % erreicht, als in einem kühleren Raum.

Aufnahmekapazitäten der Luft für Wasserdampf			
Luft-temperatur	absolute Luftfeuchte	maximale Feuchte	relative Feuchte
15 °C	6,8 g/m³	12,8 g/m³	53 %
10 °C	6,8 g/m³	9,4 g/m³	72 %
5 °C	6,8 g/m³	6,8 g/m³	100 %

Hohe Werte von relativer Luftfeuchte sind als besonders schwüle oder besonders klamme Luft zu fühlen.

Nimmt der Wert der relativen Feuchte bei gleichem Druck durch Abkühlung der Luftmasse bis auf 100 % zu, dann ist der so genannte *Taupunkt* erreicht. Die Temperatur, bei welcher dies der Fall ist, nennen wir *Taupunkttemperatur*. In unserer Tabelle liegt sie bei 5 °C. Ab dieser Temperatur kann die Luft keinen weiteren *Wasserdampf* aufnehmen.

> **TIPP:** Der *Taupunkt* kann bei gleichem Druck nicht nur durch Abkühlung erreicht werden, sondern auch durch die Aufnahme von *Wasserdampf* bei gleich bleibender Temperatur.

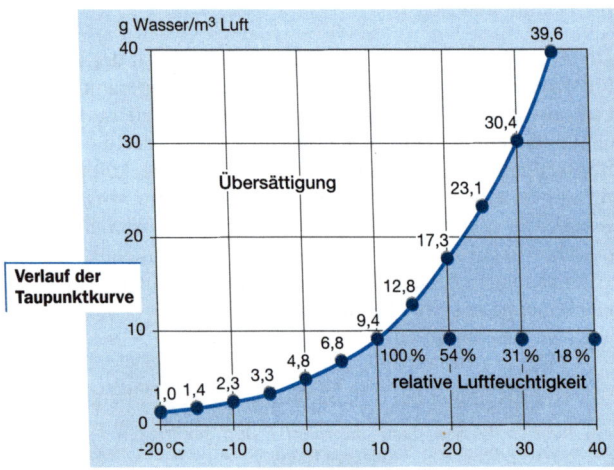

Verlauf der Taupunktkurve

Aggregatzustände des Wassers

Ist Wasserdampf immer unsichtbar?

Ja, denn **Wasserdampf** ist die Gasform des Wassers, in der sich die Einzelmoleküle in der Luft frei bewegen. Aber auch flüssig in Tropfen unterschiedlicher Größe oder fest, als Eis und Schnee kommt Wasser in der Atmosphäre vor. Zwischen diesen drei Aggregatzuständen des Wassers gibt es direkte Übergänge. Diese sind abhängig vom Luftdruck, von der Temperatur und von der Energie, die im Spiel ist.

Sublimation, Schmelzen und Verdunstung

Kann Eis verdunsten?

Eis kann direkt in **Wasserdampf** übergehen, ohne vorher zu schmelzen. Der direkte Übergang vom festen in den gasförmigen Zustand wird als **Sublimation** bezeichnet. Die dafür notwendige Energie wird der Wärmeenergie der Umgebung entzogen und im **Wasserdampf** als latente (nicht spürbare) Wärme gespeichert; d. h. die Temperatur wird geringer, obwohl die Energiemenge gleich bleibt.

Bei normalem Luftdruck in Meereshöhe schmilzt Eis bei 0 °C zu Wasser, und bei 100 °C verdampft das Wasser. Auch diese beiden Vorgänge erfordern die Zufuhr von Wärmeenergie: beim **Schmelzen** von Eis zu Wasser 333,8 J/g, beim **Verdampfen** von Wasser zu **Wasserdampf** 2256,7 J/g.

> **TIPP:** Den Vorgang der Speicherung latenter Wärme verspüren wir beim Schwitzen. Die auf der Haut verdunstende Flüssigkeit entzieht dem Körper Wärme und schützt ihn somit vor Überhitzung.

> **TIPP:** Wassertropfen, die auf eine heiße Herdplatte fallen, vergehen zischend – sie verdampfen. Die Verdunstung nutzen wir zum Wäschetrocknen bei Raumtemperatur.

Während Eis immer bei 0 °C schmilzt, kann der Übergang in den gasförmigen Aggregatzustand prinzipiell bei jeder Temperatur unter 100 °C erfolgen. Dieser allgemein als **Ver-**

dunstung bezeichnete Vorgang ist eine Voraussetzung für den Wasserkreislauf der Atmosphäre und für das Wachstum von Pflanzen. Gerät Wasser (fest oder flüssig) mit Luft in Kontakt, die eine geringe *relative Luftfeuchtigkeit* aufweist, so setzt Verdunstung ein. Wie stets in der Natur ist hier die Tendenz spürbar, Gegensätze auszugleichen.

> **TIPP:** Je niedriger die *relative Luftfeuchtigkeit* ist, desto stärker wird ihre Tendenz, aus der Umgebung Wasser aufzunehmen. Sie verstärkt die Verdunstung an den Oberflächen von Wasserkörpern und Boden, an Pflanzen und an Tieren.

Deposition, Gefrieren und Kondensation
Wo bleibt die latente Wärme?

Die Wärme kann nicht nur aufgenommen, sondern auch abgegeben werden. So kann *Wasserdampf* schockartig gefrieren, ohne vorher flüssig gewesen zu sein. Wir sprechen dann von *Deposition*. Bekannter ist das *Gefrieren*, der Übergang von der flüssigen in die feste Form. Wenn die relative

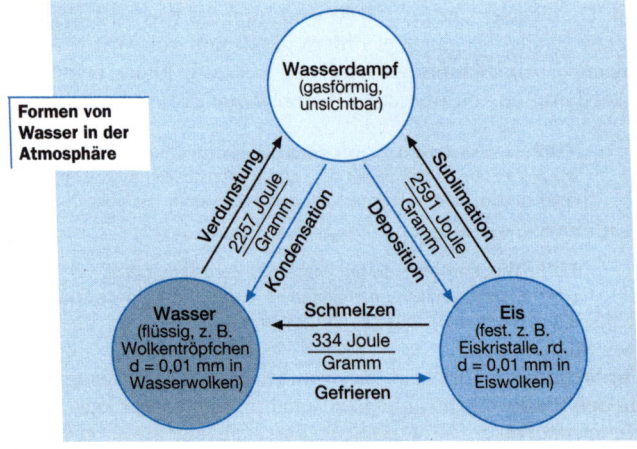

Formen von Wasser in der Atmosphäre

Luftfeuchte in einer Luftmasse gesättigt ist, kann diese kein Wasser in Gasform mehr aufnehmen, der *Wasserdampf* kondensiert zu Tröpfchen. Diese können für uns wie ein Dunstschleier wirken, wenn kleinste Wassertröpfchen in einer Luftmasse gleichmäßig schweben.

In der Natur nimmt die Temperatur normalerweise mit zunehmender Entfernung von der Erdoberfläche ab. Wir entfernen uns nämlich von der Heizplatte, die die eingefallenen Sonnenstrahlen in Wärmeenergie umgewandelt hat. Irgendwo in der Höhe ist die Lufttemperatur so weit gesunken, dass *Kondensation* einsetzen muss. Dieses *Kondensationsniveau*, der *Taupunkt*, ist am Himmel abzulesen, es befindet sich an der Unterseite der Wolken, die manchmal – wenn es sich um niedrige Wolken wie Cumuli (⟾ Wolkenfamilien, S. 46) handelt – scharf ausgeprägt ist.

Bei der Kondensation und beim Gefrieren wird die latente Energie wieder als Wärmeenergie freigesetzt, die umgebende Luft wird erwärmt. Diesen Effekt nutzen Winzer und Obstbauern, wenn sie bei Spätfrösten Wasser versprühen.

> **TIPP:** Ein beschlagener Badezimmerspiegel zeigt an, dass die Luftschicht vor seiner Oberfläche zu feucht für die herrschende Temperatur seines Glases war. In dieser Schicht kondensiert der *Wasserdampf* und fällt aus.

Wasser- und Energiehaushalt

Latente Wärme und Energietransport

Wasser soll ein Energieträger sein,
das ist doch gar nicht brennbar?

Unter Energieträgern versteht man eher fossile Brennstoffe wie Steinkohle. Aber das Wasser in der Atmosphäre ist ein für Wetter und Klima entscheidender Speicher der Energie. Joseph Black wies 1762 nach, dass bei Verdampfen von Wasser *latente Wärme* aufgenommen wird, wir kennen die so genannte **Verdunstungskälte**, die wir nach dem Baden auf der feuchten Haut spüren. Er wies auch nach, dass bei Kondensation Wärme freigesetzt wird. Die Auswirkungen dieser Energieabgabe können wir sehr schön am Himmel beobachten: Quellwolken werden oberhalb des **Kondensationsniveau**s sichtbar. Luft ist aufgestiegen, Abkühlung führte zu Kondensation. Wir sehen an den Rändern, dass die Wolken wie ein Blumenkohl weiter in die Höhe aufquellen. Bei der Kondensation wurde **latente Wärme** freigesetzt. Die freigewordene Wärme schafft aber neuen Auftrieb im Fahrstuhlschacht dieser **Konvektion**. Die Schichten sind gegeneinander labil. Die Luftmasse wird weiter nach oben befördert, es wird wieder der **Taupunkt** erreicht usw. Der Vorgang endet spätestens dann, wenn der **Wasserdampf** vollständig kondensiert ist.

Transportieren nur Ozeane Energie?

Wasser- und Energiehaushalt sind verzahnt: Nicht nur die in den Ozeanen gespeicherte Wärme wird als Ausgleich von Strahlungsdefiziten bewegt. Auch **Wasserdampf** trägt dazu bei. Er ist in der Atmosphäre in der relativ geringer Menge von 0 bis 4 Volumenprozent vorhanden. Dennoch ist er einer

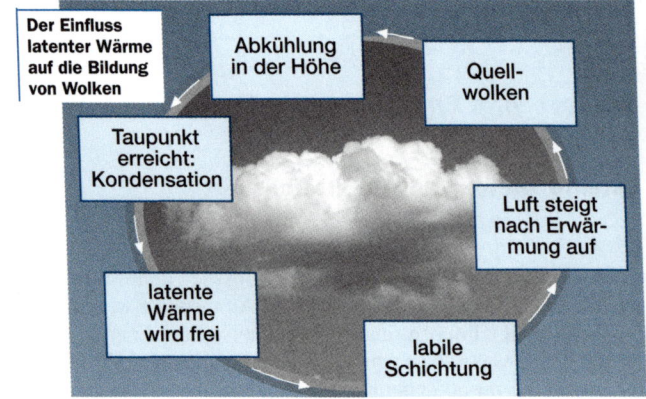

Der Einfluss latenter Wärme auf die Bildung von Wolken

Abkühlung in der Höhe

Quellwolken

Taupunkt erreicht: Kondensation

Luft steigt nach Erwärmung auf

latente Wärme wird frei

labile Schichtung

der großen Energietransporteure. Eigentlich erwärmt die von der Erde abgegebene Energie hauptsächlich die Luft. Durch die Verdunstung werden dabei der Erdoberfläche allerdings 22 % der einfallenden Sonnenenergie durch Speicherung als *latente Wärme* entzogen. Lediglich 5 % werden durch *Wärmetransport* ohne Beteiligung des Wasserhaushalts entzogen. Erwärmte Luft steigt in höhere Bereiche der *Troposphäre* auf und nimmt dabei fühlbare Wärme mit.

Durch andere atmosphärische Prozesse wie Winde kann diese *latente Wärme* dann aus Gebieten mit Einstrahlungsüberschuss in Gebiete mit Mangel geführt werden.

> **TIPP:** Ein gutes Beispiel ist ein typisches Wettergeschehen der gemäßigten Zone: Die Landmasse kühlt wegen der geringen Einstrahlung im Winter aus. Der Westwind transportiert aber Luftmassen heran, die über dem Meer weniger kalt waren als die Luft über dem Land. Sie geben außerdem *latente Wärme* ab, wenn sie über dem kalten Land abkühlen und der *Wasserdampf* kondensiert. Es regnet zwar, aber die Temperatur ist höher, als bei der geringen Einstrahlung zu erwarten wäre. In meernahen Regionen ist dies ein regelmäßiger Vorgang, dort werden die *Temperaturunterschiede* zwischen Sommer und Winter verringert und die Winter bleiben relativ mild und feucht.

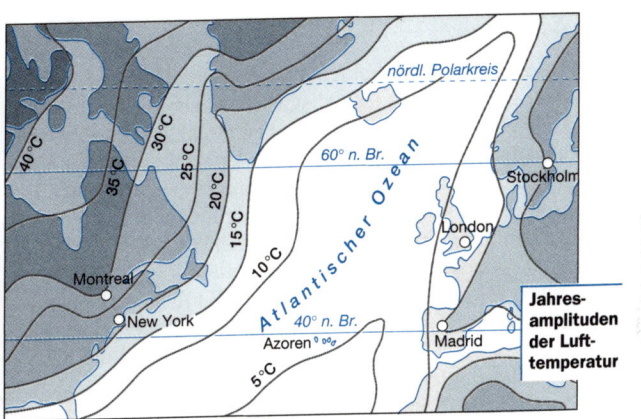

Jahresamplituden der Lufttemperatur

Ozeanität und Wärmetransport

Was bewirkt der Wärmetransport durch die Ozeane?

Meerwasser speichert wesentlich mehr Wärmeenergie als Luft und die Oberfläche des Landes; Erwärmung und Abkühlung erfolgen wesentlich langsamer. Dadurch entstehen die Phänomene Land- und Seewind (➡ Landwind, S. 66), die kleinräumige Ausgleichsströmungen im täglichen Rhythmus sind. Großräumig zeigt sich das gleiche Phänomen im Verlauf des Jahres. Betrachtet man Klimadiagramme auf gleicher Breitenlage, aber mit unterschiedlicher Entfernung zum Meer, so erkennt man, dass die *Jahresamplitude* der Temperatur (Differenz zwischen den Mitteltemperaturen des wärmsten und des kältesten Monats) mit der Entfernung vom Meer wächst (➡ Kontinentalklima, S. 60). In Meeresnähe sind die Winter mild, die Sommer kühl. In *Meeresfernen* sind die Winter kalt, die Sommer heiß. Besonders deutlich ist dies in der gemäßigten Zone Europas und Asiens, wo mit westlichen Strömungen maritime Luftmassen vom Atlantik über das Land verfrachtet werden.

> **TIPP:** Für Gebiete mit *Jahreszeiten* gilt: Je weiter das Meer, desto größer der Gegensatz zwischen Sommer- und Wintertemperatur, desto geringer die Ozeanität.

Hiervon zu unterscheiden sind Ausgleichströmungen im Meer mit meridionalem Austausch. Sie tragen in globalem Ausmaß zum Ausgleich zwischen Gebieten mit Einstrahlungsüberschuss und Gebieten mit Einstrahlungsdefizit bei. Für Europa hat das *Golfstromsystem* eine überragende Bedeutung. Es transportiert riesige Mengen warmen Wassers aus den *Tropen* durch die Karibik, die Ostküste Nordamerikas entlang, quer über den Nordatlantik bis in das Europäische Nordmeer. Sein mildernder Einfluss wirkt sich besonders im Winter aus. Der Hafen Narviks, der jenseits des Polarkreises liegt, bleibt stets eisfrei, während die Küsten Kanadas in gleicher Breitenlage die meiste Zeit des Jahres durch Packeis verschlossen bleiben.

Wolken

Das Wetterelement Bewölkung

Kapitän, was sagt uns der Himmel?

Wolken lesen ist nicht nur anregend für die Kinderphantasie und bei Verliebten beliebt, es hilft auch bei Aussagen über die Entwicklung des Wetters. Die Bewölkung ist neben Temperatur, Luftdruck, Wind und Luftfeuchte, die wir auch mit Bordmitteln messen können, das entscheidende Wetterelement. Durch einfaches Beobachten können wir für unseren Standort zu Vorhersagen finden.

Eine Wolke ist aber eine kurzlebige Erscheinung, die zum einen als ein Vorgang und zum Anderen nicht alleinstehend bewertet werden soll. Wolken sollten stets im Zusammenhang mit den anderen *Wetterelemente*n interpretiert werden (➠ Seewind, S. 64).

Wolkenhöhen ...

Steigen Wolken immer bis an die Grenze der Troposphäre?

Die *Grenze der Troposphäre* wird in unseren mittleren Breiten in etwa 12 000 m Höhe erreicht (über den Polen rd. 8000 m, über dem Äquator rd. 18 000 m). Um in solche Höhen vorzustoßen, benötigen Luftpakete sehr viel Auftrieb, solche Bedingungen sind bei den „senkrechten" Wolken der Gattung Cumulus vorhanden. Sie steigen wie in Schläuchen in der umgebenden kälteren Luft sehr schnell auf. Der Druckgegensatz bleibt erhalten, solange durch Kondensation Wärme freigesetzt wird (➠ *latente Wärme*, S. 41). Schichtwolken (Gattung Stratus) entstehen durch erzwungenes Aufgleiten relativ homogener Luftpakete über schwereren Luftmassen; sie sind die untere Begrenzung solcher Luftmassen und haben daher keine Tendenz, weiter aufzusteigen. Sie verbleiben in Höhen von unter 1000 m bis maximal etwa 4000 m. Eine Variante ist die Ausbildung einer *Inversion*, bei der eine aufliegende warme Luftschicht als *Sperrschicht* wirkt. Die Wolke erhält eine Obergrenze. Wenn ein Luftpaket an diese Grenze hinaufsteigt, muss es wieder zurücksinken, denn es ist nun kälter und somit schwerer als seine neue Umgebung.

... und Wolkenfamilien

Die Wolkenfamilien wurden erstmals durch den Apotheker Luke Howard beschrieben. Er schuf im Jahre 1803 eine Wolkensystematisierung. Dabei unterschied er sie nach Stockwerken, in denen sie in der Atmosphäre vorkommen, und nach ihrem Aussehen. Dabei können sich diese Einteilungen zum Teil überschneiden. Die verwendeten lateinischen Fachbegriffe lassen sich kombinieren.

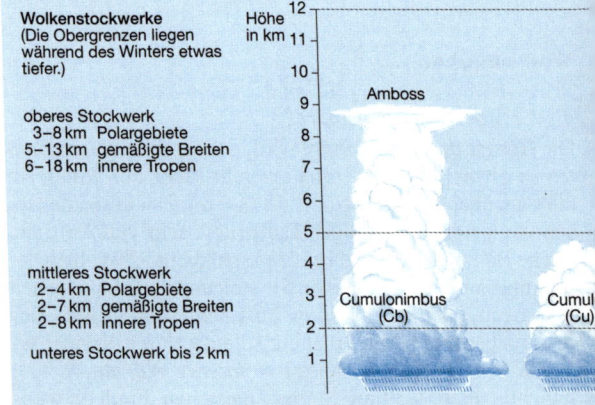

Wolkenstockwerke
(Die Obergrenzen liegen während des Winters etwas tiefer.)

oberes Stockwerk
3–8 km Polargebiete
5–13 km gemäßigte Breiten
6–18 km innere Tropen

mittleres Stockwerk
2–4 km Polargebiete
2–7 km gemäßigte Breiten
2–8 km innere Tropen

unteres Stockwerk bis 2 km

Höhe in km

Amboss

Cumulonimbus (Cb)

Cumul (Cu)

Ist diese Wolke nun eher decken- oder eher turmartig?

Wenn man etwas anhäuft, kumuliert man es: Haufenförmige Wolken werden deshalb *Cumulus* (Mehrzahl: *Cumuli*) oder in Kombination *Cumulo*-… genannt.

Diese Wolkenformen können wir in unterschiedlichen Formen in allen Stockwerken finden oder auch über mehrere Stockwerke ausgedehnt.

Schichtwolken. Nach dem Aussehen können wir Wolken unterscheiden, die sich wie eine Decke weit ausbreiten. Sie sind für die größten dauerhaften Verdunkelungen am Tage verantwortlich. Sie erhielten den Namen *Stratus* (Mehrzahl: *Straten*) in Kombination Strato …

Federwolken. Diese Wolken bestehen aus Eiskristallen und kommen also nur in den höchsten Stockwerken vor. Wegen ihres faserigen, schleierartigen Aussehens werden sie Cirrus (Mehrzahl: Cirren) oder in Kombination *Cirro*-… genannt.

Der Name stammt vom lateinischen cirrus, was so viel wie Haarlocke bedeutet. Da sie aus Eiskristallen bestehen, werden sie oft auch kalte Wolken genannt.

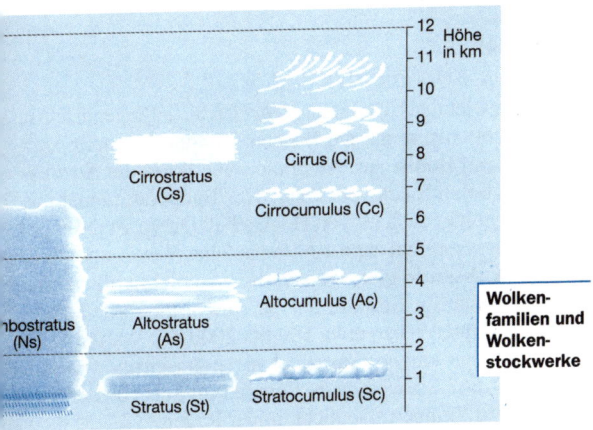

Wolken-familien und Wolken-stockwerke

Cirren,

In Menschen und in Cirren, da kann man sich irren, stimmt das?

Ja, denn die Cirren, schattenlose Federwolken, können ungleichmäßig am Himmel verteilt von einer schönen, stabilen Wetterlage künden. Sie treten bei Hochdruckwetter auf. Folgen ihnen aber schicht- oder haufenförmige hohe Wolken (Cirrostraten oder Cirrocumuli), dann sind sie Anzeichen für das Aufziehen der **Warmfront** einer Zyklone (➠ S. 91), künden also einen Wetterwechsel an.

> **TIPP:** Merke: Cirre allein – Wetter fein.
> Cirren in Kette – Regen jede Wette.

Sind Kondensstreifen auch Wolken?

Kondensstreifen sind **künstliche Wolken**. Hier kondensiert der **Wasserdampf** an den Abgaspartikeln hinter Flugzeugen.

> **TIPP:** Die **Kondensstreifen** benehmen sich wie Cirren: Lösen sich die Streifen auf, haben wir es mit trockenem Hochdruckwetter zu tun, verbreitern sie sich, dann naht ein Tiefdruckgebiet, die Feuchtigkeit in der Höhe nimmt zu.

... Straten

Verdunkeln Schichtwolken die Sonne?

Das ist ein wichtiges Merkmal. *Nebel* ist die tiefliegendste Art von Schichtwolken, die wir kennen. Er entsteht durch Auskühlung vom Boden aus. Auch die reine Form der **Status**wolke im tiefen Stockwerk zeugt von Temperaturabnahme. Man spricht hier auch oft von Hochnebel. Dieser ist durchgehend grau, verspricht auch ein ebensolches Wetter und darüber hinaus **Nieselregen**. Weisen diese Schichtwolken eine leicht haufenartige Struktur auf, so spricht man von **Stratocumulus** (Untergrenze etwa 500 bis 2000 m). Warme Luftströmung über kaltem Wasser ist meist der Grund (➠ Advektion, S. 56). Sie werden im Sommer oftmals von der Sonne aufgelöst, bringen also nicht immer Regen.

Eine **Bauernregel** sagt: „Abendrot und Morgengrau, gibt das schönste Tagesblau."

Durchsichtige mittelhohe Schichtwolken heißen *Altostratus translucidus*. Nehmen sie immer mehr Tageslicht durch stärker werdende Schichtenbildung, so nennen wir sie *Altostratus opacus*. Sie künden vom Herannahen der *Warmfront*. Ist diese über uns, wird die Sonne ganz von der *Nimbostratus*wolke verdeckt. Nimbostraten reichen über mehrere Stockwerke und bringen ergiebige Aufgleitniederschläge.

> **TIPP:** Landregen kündigt sich wie das Zuziehen eines Vorhangs in der Höhe an.

Auch im höchsten Stockwerk können Schichtwolken von der *Warmfront* künden: Die frühesten Boten sind die Cirrostraten. Die Sonne und besonders der Mond erhalten durch diese eine milchige Schicht mit einem hellen Ring oder Hof (*Halo*). Dieser entsteht durch die Brechung des Lichts an den Eiskristallen.

... und Cumuli

Bringen Wolken immer Regen?

Wie wir gesehen haben, können Wolken sich auflösen oder Regen ankündigen. So zeigen die kleinen Schäfchenwolken *Cirrocumuli* im hohen Stockwerk eine *Warmfront*, die nur wenig Niederschlag erwarten lässt. Cirrostraten hingegen lassen eine niederschlagsreichere *Warmfront* erwarten.

> **TIPP:** Kleine, hohe Schäfchenwolken bringen wenig Regen, zur Schicht verdichtet viel hingegen.

Die *Cumulus humilis*, die kleine **Schönwetterwolke** mit fasrigen Rändern (➠ Seewind, S. 64), sorgt nur in seltenen Fällen für Niederschlag. Sie entsteht lokal durch *Thermik* über einer erwärmten Oberfläche, also bevorzugt an sonnenreichen Sommertagen. Nach Sonnenuntergang bricht die *Thermik* zusammen, die Wolke löst sich auf. Tut sie das nicht, so kann man in der Nacht mit Regen rechnen. Quillt sie weiter blumenkohlartig auf, so wird sie im mittleren Stockwerk zur **Cumulus congestus**. Sie kündet vom Wetterwechsel und kräftigen Regen- oder Schneeschauern, z. B. an der **Kaltfront**. Die Unterseite dieser Wolke kann sich weiter verdunkeln, während sich die Wolkenmassen weiter hoch auftürmen und hell bestrahlt sein können. Erreicht sie das höchste Stockwerk, so bildet sie einen typischen **Amboss** aus Eiswolken: ein sicheres Zeichen für heftigen **Konvektions-** oder **Einbruchsniederschlag** mit Gewittern. Hagel ist häufig (➠ Niederschlag, S. 53). Bei Entwicklung eines solchen **Cumulonimbus** sind starke Böen zu erwarten.

Gibt es nur mit Cumulonimbuswolken Gewitter?

Nein, auch **Altocumuli** (mittelhohe Haufenwolken) lassen darauf schließen. Sie sind relativ klein und haben ihre Untergrenze in mehr als 2500 m Höhe. Man bezeichnet diese Wolken auch als grobe Schäfchen- oder Türmchenwolken. Gibt es sie bereits morgens und quellen sie turmartig auf, dann ist nachmittags mit Gewitter zu rechnen. Verdichten sie sich, naht das Gewitter in Stunden. Bleiben sie allerdings unverändert, sind sie Anzeichen für beständiges Wetter.

> **TIPP:** Bei groben Schäfchenwolken ist es so: Bleiben sie lange stehen, wird's schön weitergehen. Sind sie aufgequollen, rechne mit Donnergrollen. Haben sie sich rasch verdichtet, ist auch die Ernte schnell vernichtet.

Haben Altocumuli Linsenform, heißen sie **Altocumulus lenticularis**, künden vom Einbruch kalter Luft in der Höhe und von zu erwartendem bzw. bereits bestehendem warmen **Fallwind** Föhn (➠ Föhn, S. 25).

Gewitter,

Wie entstehen Gewitter?

Entscheidend für das Entstehen von Gewittern ist ein starker Gegensatz in Feuchtigkeit und Temperatur zweier Luftmassen (***Frontgewitter***). ***Konvektion*** ist nötig (➡ ***Konvektionsniederschlag***, S. 56). Diese kommt bei Wärmegewittern durch Überhitzung des Bodens durch starke Sonneneinstrahlung zustande (➡ Tropenklima, S. 84).

... Blitz

Warum blitzt es?

Es blitzt, weil entgegengesetzte Ladungen in der Luft ausgeglichen werden müssen. In einer Gewitterwolke gibt es starke kalte und warme Luftströme, die aneinander grenzen und in entgegengesetzter Richtung auf- und absteigen. Zwischen diesen baut sich durch Reibung ein elektrisches Feld auf. Besonders die oberste, vereiste Schicht einer Gewitterwolke trägt zu den Ladungsunterschieden bei. Massiver Tropfenfall in der Wolke verstärkt diese Unterschiede noch. Im oberen Teil der Wolke befinden sich die positiven Ladungen, im unteren Teil die negativen.

Elmsfeuer, was ist das?

Eine Erscheinung, die nur bei nächtlichen Gewittern sichtbar wird: Ein feiner Summton ist zu hören, es ist, als leuchtete die Spitze des Kirchturmes oder der hohe Mast eines Segelschiffes. Hoch aufragende und gut leitende Punkte wie Türme oder Bäume können positive elektrische Ladungen auf sich vereinen.

Diese aufsteigenden positiven Ströme werden von der negativen Vorentladung im unteren Wolkenbereich hervorgerufen. Treffen sie aufeinander, so ist der Weg frei für einen ***Blitz***: Ein Blitzkanal ist geschaffen. In diesem Kanal fließt positiv geladener Strom nach oben in die Wolke, negativ geladener nach unten. Es blitzt.

> **TIPP:** Genau genommen wird man nicht vom Blitz „erschlagen" oder „getroffen", man dient ihm als Brücke. Man leitet nämlich als eine Art Sendemast der Erde positive Ladung gen Himmel und nimmt im gleichen Moment als Empfangsantenne negative Ladung aus den Wolken auf.

Gibt es verschiedene Arten von Blitzen?

Ja. *Flächenblitze* bewegen sich zwischen oder innerhalb einer Wolke. Wir können sie meist nicht deutlich sehen, da sie von Wolken verdeckt werden. Allgemein verwenden wir das Wort Blitz für die *Linienblitze*, die aus den Wolken nach unten schießen und sich dabei verästeln können. Sie sorgen für elektrische Entladung der Wolken und für den Spannungsausgleich zwischen Wolken und Erde. Sie sind für uns als greller Lichtschein deutlich sichtbar. In der Ferne können wir sie noch als *Wetterleuchten* wahrnehmen.

Helfen Blitzableiter?

Blitzableiter (Blitzschutzeinrichtungen) sollen gefährdete Gebäude und Anlagen (besonders Türme, Hochhäuser, Masten) vor Blitzeinschlägen schützen. Auffangeinrichtung, Ableitung und Erdung sollen den Blitz um das Objekt herum in den Boden ableiten. Gut leitendes Material, besonders Kupfer, baut so starke Feldstärken auf, dass die Luft ionisiert und ein Blitzkanal aufgebaut wird. Es wird bewusst eine positive Feldstärke erzeugt, die den Aufbau des Blitzkanals fördern soll. Bei Stromstärken bis zu 35 000 Ampere läuft dieser Vorgang in Millisekunden ab.

... und Donner

Warum donnert es?

Schießt der Blitz durch den Blitzkanal, dann erhitzt er die Luftröhre um ihn herum schlagartig auf bis zu 30 000 °C. Die Luft dehnt sich explosionsartig aus. Sie stößt mit umgebenden Luftmassen zusammen und es entstehen Schallwellen. In nächster Nähe können wir die Explosion wie einen Peitschenhieb oder Donnerschlag wahrnehmen. Die Schallwellen schwächen sich ab und in einer Entfernung von etwa 25 km hören wir nur noch ein Grollen.

> **TIPP:** Wenn wir die Zeit vom Blitzen bis zum Donnern in Sekunden zählen oder stoppen und diese Zahl mit 330 malnehmen, so erhalten wir die Entfernung des Gewitters in Metern.

Niederschlag

Niederschlag, das ist jetzt aber Regen?

Nicht nur, selbst der Tau zählt zu den Niederschlägen, obwohl ihn garantiert noch niemand hat fallen sehen. Niederschlag ist die Ausscheidung von in der Luft enthaltenem *Wasserdampf* in fester oder flüssiger Form an der Erdoberfläche. Dazu ist in allen Fällen eine Sättigung der Luft mit *Wasserdampf* und das Vorhandensein von Kondensations- oder Gefrierkernen nötig. Es handelt sich dabei um feinste in der Luft schwebende Teilchen wie Ruß, Staub, Eis- oder Salzkristalle, an denen sich Wassermoleküle anlagern können und Wassertröpfchen wachsen.

> **TIPP:** Niederschlag fällt meist, aber nicht immer. *Raureif* z. B. wächst seitlich oder von unten an Ästen an.

Formen von Niederschlag

Tau

An kühlen Flächen kondensierter *Wasserdampf*. Dieser fällt aus der direkt umgebenden Luftschicht aus, z. B. an der Innenseite einer Autofensterscheibe.

Ist diese Fläche so kalt, dass das Ausfallen in einer Luftschicht geschieht, die eine Temperatur von unter 0 °C aufweist, finden wir Tau in gefrorener Form als Reif. Bei *Raureif* frieren Wassertröpfchen an bereits vorhandenen Reifkristallen an. *Raureif* wächst der Luftströmung entgegen.

Eisregen

Gefrierender Regen oder überfrierende Nässe, was haben die im Radio angesagt?

Wenn vor *Glatteis* gewarnt wird, gefriert Regen auf einer Fläche, die unter den Gefrierpunkt ausgekühlt ist. Überfrierende Nässe entsteht durch Regen oder Schneeschmelze, die nicht verdunsten oder abfließen ist und bei nächtlicher Abkühlung gefrieren. Glatteis und überfrierende Nässe sind folglich keine Arten von Niederschlag. ***Eisregen*** hingegen besteht aus unterkühlten Wassertropfen, die beim Auftreffen auf eine Oberfläche (die nicht kalt sein muss) schlagartig zu Eis kristallisieren.

Regen

Ist Regen gleich Regen?

Die Temperatur der Atmosphäre nimmt vom Boden aus gesehen ab. An einem bestimmten Niveau gibt es auch in der Luft eine ***Frostgrenze***. Diese kann in den ***Tropen*** in große Höhen reichen. Liegen Wolken unterhalb der ***Frostgrenze***, dann bildet sich Regen direkt aus Wolkentröpfchen, die an ***Kondensationskernen*** gewachsen sind. Sehr kleine Tröpfchen haben im Vergleich zum Volumen eine große Oberfläche und schweben daher in der Luft. Wachsen sie, so sinken oder fallen sie in die Tiefe. Sollen sie als Regen niedergehen, so muss die Fallgeschwindigkeit höher sein als die Aufwindgeschwindigkeit in der Wolke.

Der ***Tropfendurchmesser*** bestimmt die Fallgeschwindigkeit. Die Erdoberfläche erreichen sie natürlich nur, wenn sie auf dem Weg unterhalb der Wolke nicht verdunsten. Bei Sprüh- oder ***Nieselregen*** ist der ***Tropfendurchmesser*** so gering, dass der Niederschlag fast schwebt. Auf ihrem Weg nach unten können die Tropfen durch die Reibung wieder in kleinere Regentropfen zerstieben. Die meisten Regentropfen waren oberhalb des Gefrierpunktes Eiskristalle. Diese wuchsen an, um das nötige Fallgewicht zu haben, fielen der Erde als Schneeflocken, Graupel oder Hagelkorn entgegen und tauten erst in einer wärmeren Luftschicht in größerer Bodennähe zu Regentropfen.

TIPP: Regentropfen, die an mein Fenster klopfen, waren in ihrer Wolke nicht immer flüssig: Nur unterhalb der ***Frostgrenze*** innerhalb der Wolke können sie schmelzen.

Schnee, Graupel und Hagel

Nassschnee und Trockenschnee, gibt es so etwas?

Die lockere Zusammensetzung von feinen Eiskristallen, die wir Schnee nennen, kann auf eine gefrorene Oberfläche gefallen sein, dann haben wir es mit sog. Trockenschnee zu tun. Die Kristallstruktur der einzelnen Flocken bleibt dabei erhalten und wir können ihn wegpusten. Fallen Schneeflocken durch wärmere Luftschichten, so setzt Schmelzen ein und die Kristallstruktur beginnt sich aufzulösen. Wird Schnee auf dem Weg zum Boden nicht schon zu Regentropfen oder schmilzt er nicht sofort auf einem Boden mit einer Temperatur von über 0° C, so kann er als Papp- oder Nassschnee liegen bleiben. Die Flocken können aufgrund des Anschmelzens nicht mehr auseinanderstieben.

Schnee kann sich auch durch kurzes Schmelzen und wieder Gefrieren in Eiskügelchen verwandeln, zu Graupel. Der *Graupel* ist eine Art Vorstufe des Hagels.

Hagel, ist das verklumpter Schnee?

Nein. **Hagel** entsteht in Konvektionswolken (➠ *Konvektionsniederschlag*, S. 56) aus Eiskristallen, die zu geschichteten Eiskugeln heranwachsen. Sie werden nur in starken Aufwinden gebildet. Milchiges oder klares Eis legt sich um den ursprünglichen Eiskern. Milchige Schichten entstehen in größeren Höhen mit Lufteinschlüssen, durchsichtige Schichten in tieferen Regionen der Wolke. Dort findet das Anfrieren langsamer statt.

> **TIPP:** Die Bildung von Hagelkörnern ist mit Kerzenziehen von Hand vergleichbar: Bei jedem Eintauchen (Aufsteigen) legt sich eine weitere Schicht Wachs (Eis) um den relativ kälteren Docht (Eiskern). Bleibt die Kerze (Eiskugel) zu lange im wärmeren Wachsbad (in wärmerer Umgebung), so schmelzen äußere Schichten wieder auf. Der Aufbau beginnt wieder von vorne. Ist die Luft über dem Wachsbecken (in höheren Luftschichten) besonders kalt, dann entstehen durch Schockabkühlung Lufteinschlüsse in den wachsenden Schichten. Eine Eiskugel von 35 mm Durchmesser braucht mehr als 120 km/h Windgeschwindigkeit,

um hochgewirbelt zu werden. Fehlt irgendwann die nötige Auf-
triebsenergie, so geht das Hagelkorn zu Boden. Beim Fallen kann
es teilweise oder ganz aufschmelzen, Sublimation kann einsetzen (➠ Sublimation, S. 39). Ein Teil des gefrorenen Wassers
wird in *Wasserdampf* umgewandelt.

Auslöser für Niederschläge

Warum regnet es gerade hier …?

Wir unterscheiden verschiedene Typen von Niederschlägen:
Advektionsniederschlag über Landmassen bedeutet, dass
der *Wasserdampf* kondensiert und sich abregnet, da eine
feuchte Luftmasse einen kühleren Kontinent erreicht und
sich abkühlt. Oft haben wir es bei Schneefall über dem aus-
gekühlten Mitteleuropa ebenfalls mit dieser Form zu tun.
Meist handelt es sich um eher undramatische Mengen
Niederschlags.

… und gerade jetzt?

Ähnlich ist der *Frontalniederschlag* oder *Aufgleitnieder-
schlag*: Dieser ist mit dem Aufgleiten einer warmen Luftmasse auf eine kalte verbunden und an der *Warmfront* einer Zyklone zu finden. Meist geht dies eher langsam von-
statten, da sich der Warmluftkeil langsamer als der
Kaltluftkeil bewegt. Die Niederschläge können daher länger anhalten. Man spricht vom sog. *Landregen*. Der gleiche Effekt ergibt sich, wenn feuchte Meeresluft durch den
Anstieg des Landes oder an einem Gebirge mit geringer Re-
liefenergie gezwungen wird aufzusteigen (➠ Steigungsniederschlag, S. 57).

Heftiger ist der *Konvektionsniederschlag*: Entweder die
Luft wird in Bodennähe erwärmt und dadurch zum Aufsteigen gezwungen (➠ ITC, S. 84), wie wir es bei der Entwicklung von Wärmegewittern in unseren Breiten kennen,
oder eine kalte, feuchte Luftmasse rammt eine warme Luftmasse und zwingt sie so zum Aufsteigen. Dies ist der klas-
sische Fall eines *Einbruchsniederschlages*. Typisch ist die-

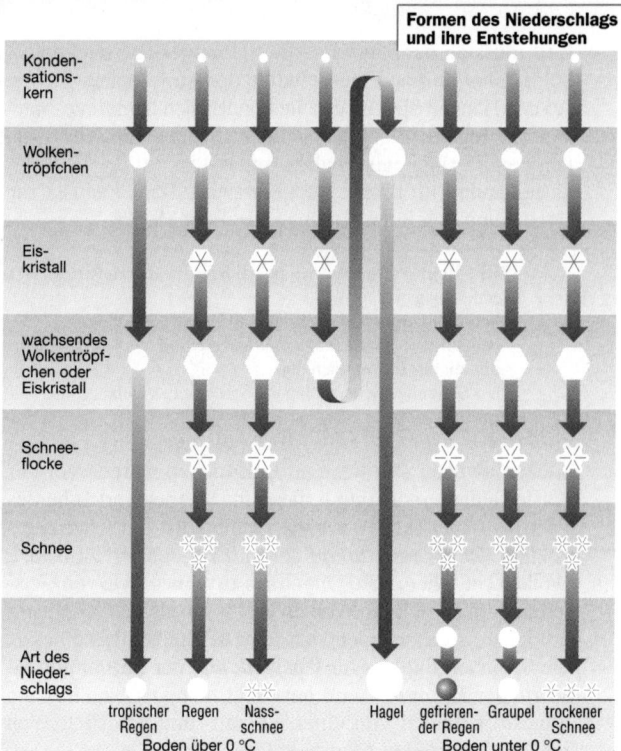

Formen des Niederschlags und ihre Entstehungen

Kondensationskern						
Wolkentröpfchen						
Eiskristall						
wachsendes Wolkentröpfchen oder Eiskristall						
Schneeflocke						
Schnee						
Art des Niederschlags	tropischer Regen	Regen	Nassschnee	Hagel	gefrierender Regen	Graupel	trockener Schnee
	Boden über 0 °C				Boden unter 0 °C		

se Niederschlagsform im Bereich der **Kaltfront** einer Zyklone (⟶ S. 91). Es kann die Gewitterwolke Cumulonimbus mit einem vereisten **Amboss** zu sehen sein (⟶ S. 46). Blitz und Donner sind ebenfalls Anzeichen. Die Niederschlagsmenge kann in kurzer Zeit sehr groß sein.

… und hier immer?

Befindet sich auf der Landmasse ein gebirgiges Hindernis, dann finden wir den **Steigungsniederschlag**; **Staunieder-schlag** oder **orographischer Niederschlag**: Feuchtwarme

Luft muss an der Luvseite eines Gebirges aufsteigen und kühlt daher ab (➡ Eigenschaften der Atmosphäre, S. 19). An den Hängen dieser Luvseite können sich in mitunter starken und regelmäßigen Regen- oder Schneefällen die Wolken bereits abgeregnet haben, sodass die auf der Leeseite absteigende Luft immer trockener wird. Dann kann es zur Entstehung von Föhn kommen (➡ Föhn, S. 25).

> **TIPP:** Beim Wetter gilt: Entscheidend für die Heftigkeit des Niederschlags ist
> – bei *Advektionsniederschlag* der Grad der Abkühlung,
> – bei Aufgleit- und *Einbruchsniederschlag* die Zuggeschwindigkeit der Luftmassen und
> – bei Steigungsniederschlag die Steilheit des Geländes.

Gibt es ein Gegenteil von Advektionsregen?

Atacamawüste: Die warmen Luftmassen werden vor der Küste Südamerikas durch die kalte Meeresoberfläche des Pazifiks – hier fließt der kalte Humboldtstrom – heruntergekühlt. Der *Wasserdampf* der Luft kondensiert zu Nebel, Wolken entstehen. Bald fängt es an zu regnen. Wie von Geisterhand lösen sich die Wolken auf, wenn sie den Kontinent erreichen, sie erwärmen sich über der heißen Landmasse, die Speicherfähigkeit für *Wasserdampf* der Luft nimmt also zu, der *Taupunkt* wird unterschritten. Der Satellit kann ungestört Photos von einer wolken- und natürlich auch niederschlagsfreien Atacamawüste machen.

Arten des Niederschlags nach der Entstehung

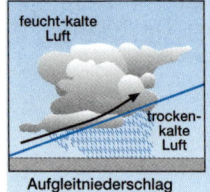
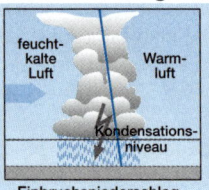
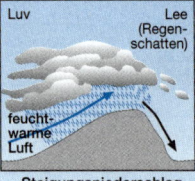

| Aufgleitniederschlag | Einbruchsniederschlag | Steigungsniederschlag |

Von den Auswirkungen der Kontinente und der Oberflächenformen auf den Wasserhaushalt und die Einstrahlung

> **1. Buch Mose 1:**
> Vers 9: Und Gott sprach, es sammle sich das Wasser unter dem Himmel an besondere Örter, dass man das Trockene sehe. Und es geschah also.
> Vers 10: Und Gott nannte das Trockene Erde und die Sammlung der Wasser nannte er Meer. Und er sah, dass es gut war.

Kontinentalität und Wüsten

Ist die Trennung zwischen nass und trocken so wichtig?

Die Landmassen an sich sind trocken. Pflanzen und Tiere können nur von den Meeren her mit dem nötigen Wasser versorgt werden (➠ Ozeanität, S. 44). Den Transport übernehmen bewegte Luftmassen der Atmosphäre. Gebiete fern vom Meer sind also hinsichtlich der Versorgung mit Wasser benachteiligt. Die Wahrscheinlichkeit, dass wir dort Wüsten finden, ist groß.

> **TIPP:** Bei Wüsten denken wir meist an verbrannte Erde und Sandstürme. Wüsten kommen aber nicht nur in heißen Gegenden vor. Grundsätzlich sind Wüsten Gebiete der Erde mit lebensfeindlichen Bedingungen. Entweder ist es in ihnen zu kalt oder zu trocken.

Wüsten der mittleren Breiten

Gibt es in den mittleren Breiten Wüsten?

Die in den mittleren Breiten überwiegenden westlichen Winde transportieren feuchte Luftmassen des Pazifischen und des Atlantischen Ozeans über die Kontinente der Nordhemisphäre (auf der Südhalbkugel gibt es in diesen Breiten kaum Land). Auf dem langen Weg über Europa und Asien werden die Luftmassen immer trockener, die Jahressummen der Niederschläge schrumpfen. In den tief und südlich gelegenen Gebieten Kasachstans und seiner südlichen Nachbarn gehen die Steppen schnell in die Wüsten Kysylkum und Karakum über. Sie sind im Sommer heiß und trocken im Winter sehr kalt. Die Wüste Gobi in der Mongolei ist außerdem noch durch die westliche Gebirgsumrahmung und die Höhenlage benachteiligt.

In Nordamerika treffen die Westwinde auf die hohen Gebirgsketten des Küstengebirges und der Sierra Nevada, weiter im Osten auf die Rocky Mountains, wo sie aufsteigen und sich abregnen müssen (⟼ Steigungsniederschlag, S. 57). Wir finden folglich hinter den Gebirgen Trockengebiete, die im Norden Steppen und im Süden Wüsten sind. Ohne den Schutz von Wolkendecken und der Vegetation sind die *Temperaturunterschiede* zwischen *Tag und Nacht* sowie zwischen Sommer und Winter groß.

> **TIPP:** Für Nordamerika vom Pazifik bis 100° westl. L. gilt: je weiter östlich der Standort, desto trockener, denn umso mehr Gebirge müssen die Luftmassen überwinden.

Kontinentalklima der hohen Mittelbreiten

Warum ist es in Sibirien im Winter so kalt?

Feuchte Luft speichert Energie, Wolken verringern die Ausstrahlung von Wärmeenergie in den Weltraum (⟼ Strahlungshaushalt, S. 28). In den meeresfernsten Regionen Nordasiens (bezogen auf den Atlantik), in Ostsibirien, ist während des Winters bei niedrigem Sonnenstand die Einstrahlung gering. In den sternenklaren Nächten ist die Ausstrahlung sehr hoch. Folglich kühlt der Boden stark aus. Das Dorf Oimjakon (63° nördl. Br./143° östl. L.) gilt als winterlicher *Kältepol* der Nordhalbkugel. Die Mitteltemperatur des Januars liegt bei -50 °C, der Minusrekord bei -70 °C. Trotzdem leben hier Menschen und sogar Bäume wachsen, denn in den Sommermonaten werden Mitteltemperaturen über 10 °C erreicht. In dieser extremen Kontinentalität steigt die *Jahresamplitude* der Temperatur auf fast 65 °C (Kristiansund an der Küste Norwegens in gleicher Breitenlage 12,9 °C). Infolge der starken Auskühlung bildet sich über dem östlichen Nordasien ein riesiges, sehr stabiles *Kältehoch*, das das Klima von Süd- bis Ostasien wesentlich beeinflusst (➡ Wintermonsun, S. 109).

Durch die Lage weiter im Norden ist es hier insgesamt wesentlich kälter und feuchter als in den Steppen und den Wüsten Nord- und Mittelasiens. Wir sprechen von einem Kontinentalklima der *hohen Mittelbreiten*. Erst nahe der Ostküste des Kontinents nimmt die Ozeanität wieder zu. Die Winter bleiben kalt, die Sommer sind feucht (➡ Klimate der Erde, S. 120).

> **TIPP:** Für die Landmasse Nordasiens gilt: je östlicher, desto kontinentaler, je nördlicher, desto kälter, je südlicher, desto trockener.

Wendekreiswüsten

Warum gibt es heiße Wüsten?

Die größte heiße Wüste ist die Sahara im Norden Afrikas. Da sie sich zu etwa gleichen Teilen nördlich und südlich des nördlichen Wendekreises erstreckt, wird sie auch als **Wendekreiswüste** bezeichnet. Auf der Nordhalbkugel der Erde gibt es keine weiteren Wendekreiswüsten, auf der Südhalbkugel gehören dazu die Namib im Süden Afrikas und das trockene Innere Australiens. In den Wendekreiswüsten geht die tropische Klimazone in die subtropische über. Charakteristika sind hauptsächlich ganzjährige Trockenheit und starke tägliche Schwankungen der Temperatur. In den Wintermonaten der Nordhalbkugel werden die Tage deutlich weniger heiß (vgl. Klimadiagramme). Grund für die Ausbildung der Wüste ist nicht die Hitze, sondern die Trockenheit. Wo Wasser vorhanden ist, in den Oasen, gedeiht eine üppige Vegetation.

> **TIPP:** Für Reisen in Wendekreiswüsten gilt: Bei hohem Sonnenstand und und langer Sonnenscheindauer, besonders in den Sommermonaten, werden die Tage extrem heiß. In den sternenklaren Nächten wird es sehr kühl. Wer in der Sahara reisen will, sollte deshalb weder den Sonnenschutz noch warme Kleidung vergessen.

Die Ursachen für die Trockenheit der Wendekreiswüsten sind in der ***innertropischen Zirkulation*** zu suchen. In den Gebieten der höchsten Einstrahlung steigt erwärmte Luft auf, kühlt dabei ab und regnet sich in den täglichen tropischen Gewittern aus. In der Höhe fließt diese Luft nord- und südwärts ab, um in den Regionen der Wendekreise größtenteils wieder abzusinken. Im Gegensatz zur äquatorialen Tiefdruckrinne (⟾ ITC, Innertropische Konvergenz, S. 84) bildet sich hier der ebenfalls sehr stabile subtropische ***Hochdruckgürtel*** aus. Die absinkende Luft erwärmt sich und wird extrem trocken.

An den wolkenlosen Tagen erwärmt sie sich außerdem durch die hohe Sonneneinstrahlung vom Boden her. Aus dem ***Bodenhoch*** strömt die Luft nach Süden als ***Nordostpassat*** heraus und nach Norden als heißer Wüstenwind.

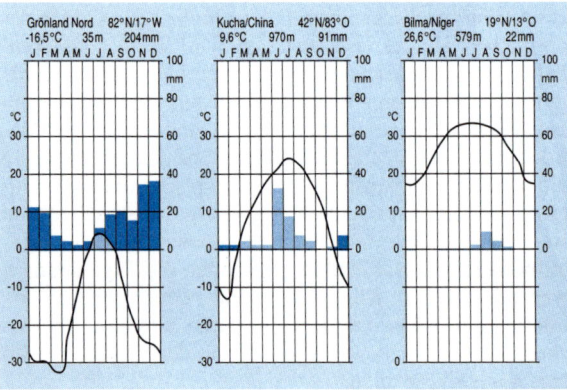

Müsste es in Mexiko nicht auch eine Wüste
ähnlich der Sahara geben?

Im Bereich des Wendekreises Mittelamerikas, in Mexiko, treffen wir anstelle von Wüste hauptsächlich auf Trocken-savanne. Hier herrscht **wechselfeuchtes Tropenklima** (➡ **wechselfeuchtes Tropenklima**, S. 99). Das für das Wetter-geschehen bestimmende Hoch liegt über dem Atlantik (**Azo-renhoch**).

Die ausströmenden Winde können über dem Atlantischen Ozean und dem Golf von Mexiko viel Feuchtigkeit auf-nehmen. Beim Auftreffen auf den Kontinent regnen sie viel davon am steil aufsteigenden Küstengebirge ab (Tampico 1036 mm Jahresniederschlag); das Landesinnere erhält da-her nur geringe Niederschläge, aber die Trockenheit wird durch die Höhenlagen von deutlich über 1000 m gemildert (Ciudad Lerdo 1140 m – 248 mm; Guadalajara 1589 m – 893 mm).

Die Westküste im **Regenschatten** des Gebirges hingegen ist zum Teil ganzjährig **arid**. Im Winter gerät Mexiko mehr un-ter den Einfluss eines Hochs über Nordamerika und erhält dann kaum Niederschläge.

> **TIPP:** Für die Entstehung von Wendekreiswüsten gilt: Ist eine Landmasse von geringer Größe und gebirgig, so kann sich über ihr kein Hochdruckgebiet ausbilden und **Steigungsregen** mildert die Trockenheit.
> Umgekehrt gilt: Afrika als große Landmasse mit seinen Becken und Senken eignet sich vorzüglich (besonders im Norden) für eine Wendekreiswüste.

Gilt dies nicht auch für Tokio?

Ähnliche Verhältnisse wie in Mittelamerika herrschen im Bereich des Wendekreises an der Ostseite Nordasiens. Hier bringen die Sommermonate ergiebige Niederschläge des Sommermonsuns, der aus dem Hoch über dem Nordpazi-fik zum **Hitzetief** auf dem Kontinent weht. Im Winter hin-gegen schickt das mächtige **Kältehoch** über Nordasien den trockenen Wintermonsun (➡ S. 108).

Gibt es Wüstenwinde?

Ja. In Wüsten herrscht Lufthochdruck, folglich muss Luft abströmen. Das kann gleichmäßig erfolgen wie beim *Passat*, der zur äquatorialen Tiefdruckrinne strömt, oder ungleichmäßig wie beim *Schirokko*. Ziehen im Frühjahr oder Herbst Zyklonen über den Mittelmeerraum, so verstärkt sich vor deren Fronten der heiße, staubbeladene Wüstenwind zum Sturm. In Südspanien heißt dieser trocken-heiße Wind *Leveche*. Bläst der *Schirokko* längere Strecken über das Mittelmeer, dann kann er Feuchtigkeit aufnehmen und der nördlichen Mittelmeerküste Regen bringen. Bei besonderen Wetterlagen kann feiner Staub der Sahara sogar bis nach Norddeutschland transportiert werden.

Einstrahlung und lokale Windsysteme

Seewind ...

Es ist keine Zyklone zu erwarten, Hochdruckwetter ist angesagt, bleibt es nun windstill?

Bei stabilen Hochdruckwetterlagen während des Sommers in den mittleren Breiten herrscht im Binnenland oftmals drückende Hitze. Nichts wie raus an den Strand. Man kann sich dort durch ein Bad im Meer erfrischen, zusätzlich setzt gegen 12 bis 14 Uhr eine kühle Brise ein. Dieser **Seewind**, auch *Seebrise* genannt, entsteht durch unterschiedliche thermische Eigenschaften von Bodenoberflächen und Wasser.

> **TIPP:** Beim physikalischen Unterschied zwischen Landmassen und Ozean gilt: Wasser kann große Mengen an Wärme aufnehmen und speichern, erwärmt sich dabei wenig, besonders wenn durch Wellenschlag die Durchmischung hoch ist. Landoberflächen können nur geringe Wärmemengen speichern oder in die Tiefe ableiten (bereits in Spatenstichtiefe ist der Sand am Strand deutlich kühler). Allerdings variiert die Aufnahmefähigkeit je nach Beschaffenheit der Oberfläche stark (➔ *Albedo*, S. 30). Geringe Speicherfähigkeit bedeutet starke langwellige Ausstrahlung, die wir als Wärme empfinden.

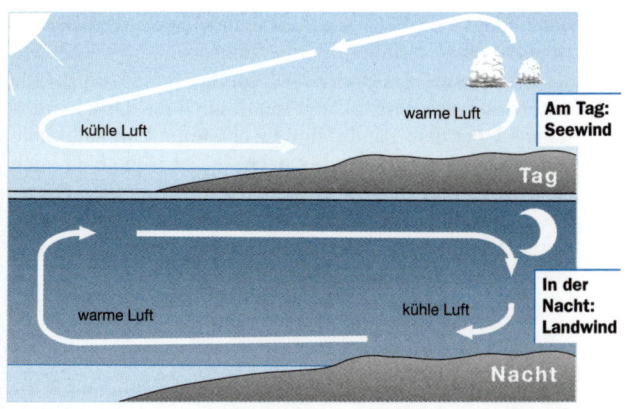

kühle Luft

warme Luft

Am Tag: Seewind

Tag

warme Luft

kühle Luft

In der Nacht: Landwind

Nacht

Aber beginnen wir in einer sternenklaren, romantischen Sommernacht. Die nächtliche und morgendliche Ausstrahlung überwiegt die Einstrahlung. Bei wolkenlosem Himmel und klarer Luft kühlt der Boden aus. Die niedrigsten Bodentemperaturen werden etwa zwei Stunden nach Sonnenaufgang erreicht; erst danach überwiegt wieder die Einstrahlung die Ausstrahlung. Die gleiche Verzögerung ergibt

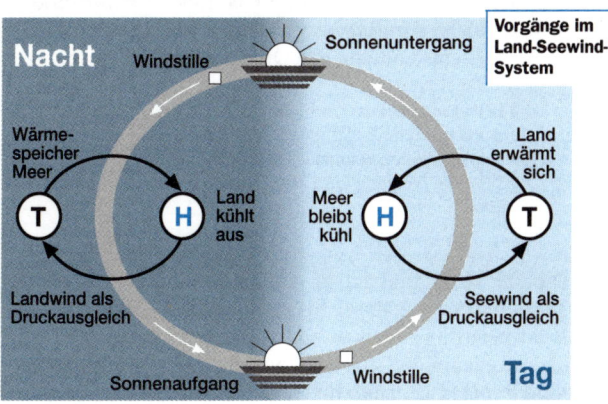

Vorgänge im Land-Seewind-System

Nacht

Windstille

Sonnenuntergang

Wärmespeicher Meer

T

Land kühlt aus

H

Meer bleibt kühl

H

Land erwärmt sich

T

Landwind als Druckausgleich

Seewind als Druckausgleich

Sonnenaufgang

Windstille

Tag

sich mittags – die höchsten Bodentemperaturen werden etwa zwei Stunden nach dem Sonnenhöchststand erreicht. Mit der Erwärmung des Bodens wächst das Temperaturgefälle gegenüber dem Wasser und damit auch der Druckunterschied. Über dem Land steigt die erwärmte Luft auf, kühle Luft strömt vom Wasser her nach. In der Höhe kühlt sich die Luft ab und steigt über dem Wasser wieder ab. Dieser Kreislauf erlahmt im Verlauf des Nachmittags und kommt gegen Abend zum Stillstand, wenn die Temperaturen von Wasser und Boden ausgeglichen sind.

... und Landwind

Während der Nacht kehrt der Kreislauf sich um. Durch die Auskühlung des Bodens wird die Luft an Land kühler als die über dem Wasser. Nun entsteht über dem Land höherer Druck als über dem Wasser, es weht ein ablandiger Wind. Dieser Landwind ist aber meist schwächer als der Seewind.

Bringt Seewind starken Wellengang?

Seewind oder *Seebrise*, der Name sagt bereits aus, dass es sich hier um einen schwachen Wind handelt. Brisen bringen Winde der Stärken 2 bis 4 (➠ Tabelle *Windstärken*, S. 82). Welche *Windstärke* erreicht wird, hängt von der Größe des Systems und von den Druckunterschieden ab.

> **TIPP:** Luftdruckunterschiede über Massen werden durch die unterschiedliche Reaktion auf die Einstrahlung hervorgerufen. Je größer die Druckunterschiede über zwei Massen sind, desto größer die Neigung zum *Druckausgleich*, messbar als *Windstärke*.

Die über dem Land aufsteigende Luft kühlt ab, bis sie den *Taupunkt* erreicht, die Temperatur, bei der der *Wasserdampf* kondensiert und Wolken bildet. Bei sommerlichem Hochdruckwetter bilden sich Quellwolken, Cumuli, auch *Schönwetterwolken* genannt. Im Gegensatz zu den hoch reichenden Gewitterwolken bewegen sich die ***Schönwetterwolken*** in den niederen Bereichen der ***Troposphäre***, in Höhen von 300 bis 2000 m. Die erreichten Höhen hängen von der Auftriebsgeschwindigkeit ab, also von der Größe des Systems. Erreichen die Wolken 2000 m, so ist damit zu rechnen, dass das System bis zu 30 km ins Meer reicht. Bei geringer Höhe des Systems können die erreichten Windgeschwindigkeiten nur kleine Wellen erzeugen, die von der normalen Bewegung des Meeres überlagert werden.

Kleinräumige Thermik über Land

Gibt es an Land ähnliche Erscheinungen wie
See- und Landwind?

Felder erwärmen sich schneller als Wald. Deshalb weht tagsüber ein schwacher Wind vom Wald her. Nachts dreht sich die Strömung um. Dieser Luftzug ist nur bei windstillem Strahlungswetter spürbar.
Städte, besonders wenn sie dicht bebaut sind, haben immer höhere Temperaturen als ihr Umland. Es weht also ständig eine leichte Brise aus dem Umland in die Stadt. Am stärksten ist sie kurz nach Sonnenaufgang, da zu der Zeit die Temperaturdifferenz am größten ist. Stadtplanung hat dafür zu sorgen, dass ***Frischluftschneisen*** in der Stadt erhalten bleiben, damit verbrauchte Luft ausgetauscht werden kann.

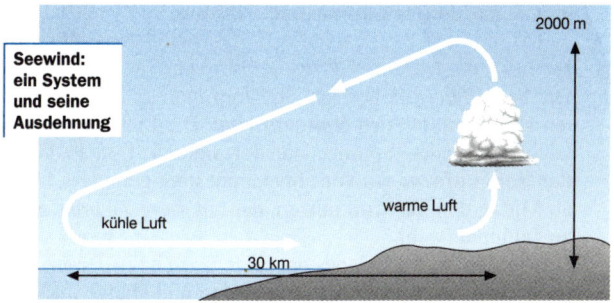

Seewind:
ein System
und seine
Ausdehnung

2000 m

warme Luft

kühle Luft

30 km

Tal- und Bergwind

Und im Urlaub in den Bergen, weht da was?

Ja, es gibt allerdings mehrere Arten von Windsystemen, und sie sind von Ort zu Ort unterschiedlich ausgeprägt, abhängig von der Höhe der Berge, des Gebirges, vom Höhenunterschied zwischen Berg und Tal, der Neigung und Oberflächenbeschaffenheit der Hänge, von der Breite des Tals, von der Exposition, d. h. der Stellung zur Richtung der höchsten Einstrahlung.

Am einfachsten ist es mit den *Hangwinden*. Nehmen wir an, wir befinden uns an einem steilen Hang eines hohen Gebirgszuges in den Alpen, der felsig ist und nach Süden zeigt. Hier ist die Erwärmung tagsüber stark, denn die Sonnenstrahlen treffen steil und damit in hoher Energiedichte auf

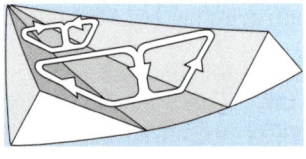

das Gestein. Eine dichte Vegetationsdecke würde wie eine Isolierschicht wirken. Die Luft dicht am Hang erwärmt sich schnell und gleitet nach oben. Vom Talboden aus strömt Luft nach. Ein *Hangaufwind* ist entstanden. Der gegenüber liegende Hang des Tales liegt im Schatten, er ist daher kühler als der beschienene Hang und auch kühler als der Talboden. Folglich gleitet an ihm kühle Luft ins Tal und gleicht das dortige Luftmassendefizit aus.

Wann ist die beste Zeit zum Gleitschirmfliegen?

Die beste *Thermik* herrscht am Vormittag an den besonnten Hängen durch den *Hangaufwind*. Die Landung ist am leichtesten in der Talmitte, denn dort sinkt die Luft ab. Wem der *Hangaufwind* am Vormittag nicht stark genug ist, kann ab Mittag den **Talwind** nutzen, der um diese Zeit das ganze Tal hinaufweht.

Das System des Talwindes hat seine Ursache in der am Tage stärkeren Erwärmung der Talböden und Hänge im Ver-

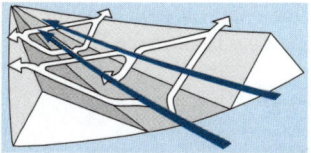 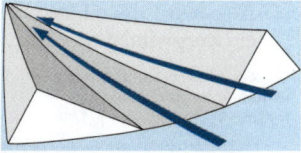

gleich zum Vorland. Im Gegensatz zum Vormittag wird nun der gesamte Luftkörper des Tals in die Strömung einbezogen. Der Talwind strömt also bergauf. Tal- und *Hangaufwind* unterstützen einander dabei.

Lass mich raten, Hangaufwind am Vormittag, am Abend dreht sich das um?

Richtig. Die Hänge kühlen schneller aus, vor allem wenn sie frei von Vegetation sind. Diese schwerere Luft gleitet den Hang hinab, wenn der Druckunterschied zu der nun aufsteigenden Luft in der Talebene groß genug geworden ist. Dies ist der **Hangabwind.**

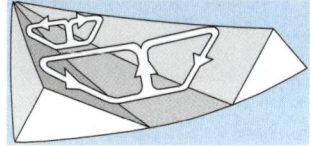

Aber abends ist es doch nicht am kältesten?

Richtig. Die beiden *Hangwinde* waren nur das kleinere System. Der Hangabwind wird in ein größeres System eingebunden, das das ganze Tal einbezieht. Wie bei den meisten regionalen Windsystemen kehrt sich der Vorgang (hier die Entstehung des Talwindes) nachts um.

Die frühen Morgenstunden sind der gegen den Sonnenstand zeitlich verschobene Zeitraum der größten Ausstrahlung.

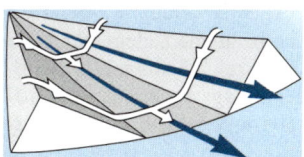 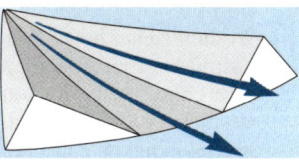

Aus dem Talwind, der tags von unten nach oben wehte, ist ein **Bergwind** geworden, der aus der Höhe in die Tiefe weht.

Vorgänge im Bergwind-Talwind-System

Abend

Ruhe

Hänge kühlen zuerst aus

Talwind

Hangabwind

Talsytem erwärmt

Nacht

unterstützt

unterstützt

Tag

Talsystem ausgekühlt

Hangaufwind

Bergwind

Hänge als erstes erwärmt

Ruhe

Morgen

Oberflächenformen und regionale Windsysteme

Mistral/Tramontane ...

Sturmwarnung für die Straße von Bonifacio, eine Ausnahme?

Das westliche Mittelmeer zwischen der französischen Süd-küste und dem Süden Italiens ist bekannt und gefürchtet für seine extremen Wetterlagen, für „alles oder nichts". So kann in küstenfernen Teilen Windstille herrschen, wenn die Luft-druckunterschiede gering sind. Bildet sich jedoch über dem Golf von Genua ein Tiefdruckgebiet heraus, während im Westteil weiter hoher Druck herrscht und zudem eine kalte Luftmasse vom Atlantik an Frankreich herangeführt wird, dann können selbst im Sommer schlagartig Winde aus nord-westlicher Richtung mit über 50 Knoten (rd. 90 km/h) Wind-geschwindigkeit entstehen.

TIPP: So schön das Mittelmeer auch ist, vor dem Mistral sei gewarnt: Bei dieser extremen Wetterlage baut sich schnell eine kurze, sehr steile Welle auf, die zusammen mit dem böigen Wind äußerst gefährlich ist. Zudem ist beim Baden Vorsicht angesagt: Das warme Oberflächenwasser ist Richtung Nordafrika vertrieben worden und wird in Küstennähe durch aufsteigendes, kaltes *Tiefenwasser* ersetzt.

Der Wind sucht über dem Festland den Weg des geringsten Widerstandes: Das Rhônetal kanalisiert die Bewegung der Luftmassen und verstärkt sie noch wie eine Düse. In der Provence wird dieser Wind „Mistral" genannt, im Languedoc „Tramontane". Dort ist es die Durchgangszone der Schwelle des Lauragais zu Füßen der Pyrenäen zwischen Atlantik und Mittelmeer, die mit Montagne Noire im Norden und den Corbières im Süden wie ein einladender Korridor wirkt.

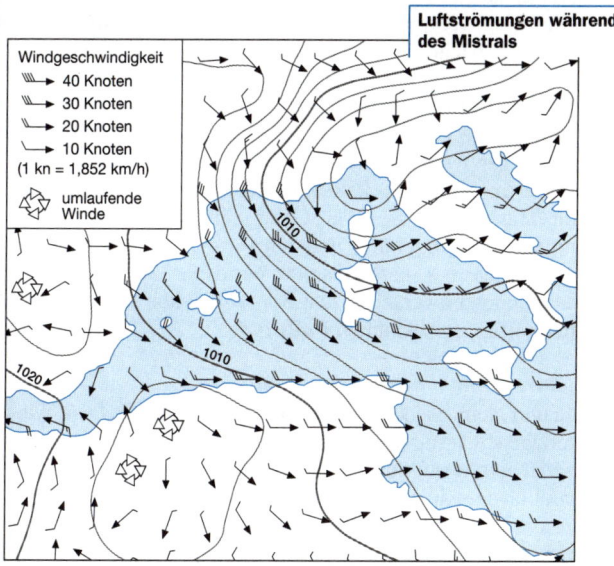

Luftströmungen während des Mistrals

Windgeschwindigkeit
- 40 Knoten
- 30 Knoten
- 20 Knoten
- 10 Knoten
(1 kn = 1,852 km/h)
umlaufende Winde

... und Bora

*Täler helfen, Winde zu verstärken,
verhindern also Gebirge Winde?*

Eine Zeit lang können sie das schon tun. Aber nehmen wir als Beispiel einen Wind, der nicht aus einer Senke kommt: die Bora in der Adria. Hier wirken nicht mehrere Gebirge wie ein Korridor, sondern ein Gebirge liegt quer zur gewünschten Strömungsrichtung und hält eine Luftmasse zurück. Hat diese jedoch die Barriere übersprungen, so kann sie Orkanstärke erreichen (➠ *Windstärken*, S. 82). Das dinarische Gebirge erstreckt sich an der Ostseite der Adria und schließt das östliche Hinterland wie eine Wand ab. Im Winter kann dieses Hinterland auskühlen (➠ Kontinentalität, S. 59), es bildet sich ein Hochdruckgebiet. Beim Mistral ist es ein Tiefdruckgebiet mit einem Kern über dem Golf von Genua, bei der Bora kommt ein Tiefdruckgebiet über dem Adriatischen Meer ins Spiel.

Ohne das Gebirge würde sich ein regionales Windsystem wie beim nächtlichen Landwind (➠ S. 66) entwickeln können. Das Gebirge verhindert aber den *Druckausgleich*. Die beiden Luftmassen entwickeln sich jede für sich weiter, die mediterrane Luft steigt auf, das Hochdruckgebiet verstärkt sich. Irgendwann sind die Gegensätze so groß, dass es kein Halten mehr gibt, die kalte kontinentale Luft schwappt über die Mauer und rauscht das Gebirge hinab. Sie trifft auf eine warme Umgebung und wird durch die Temperaturgegensätze (➠ katabatischer Wind, S. 23) in ihrer Geschwindigkeit verstärkt. Die Bora entwickelt sich zu einem der heftigsten bekannten *Fallwinde*.

Die Bora weht also nur im Winter?

Ja und Nein. Sie kann sich im Winter als relativ feste Wetterlage sogar monatelang installieren, wenn der Gegensatz zwischen Auskühlung des Kontinents und geringem Druck südlich der Alpen bestehen bleibt. Sie weht meist ohne Anzeichen am Himmel. *Föhnwolken* bilden sich kaum, da sie besonders trocken ist. Obwohl sie sich beim Abstieg (trockenadiabatisch) erwärmt, kommt sie nach über tausend Metern Fall immer noch als kalter Wind auf der Meeresoberfläche an.

Ihre Ausgangstemperatur auf der anderen Seite des Gebirges war eben sehr gering. Hier unterscheidet sie sich vom eher warmen Föhn (➡ S. 25). Die Bora ist häufiger als der ebenfalls kalte Nordföhn (➡ S. 27) am Südrand der Alpen, denn das Dinarische Gebirge liegt vergleichsweise näher am Winterhochdruckgebiet über Asien.

> **TIPP:** Auch im Sommer sei vor diesem Wind gewarnt. Ist es im Winter die Auskühlung des Hinterlandes, so kann im Sommer eine von Nordosten herangeführte kalt-trockene Luftmasse der Auslöser sein.
>
> Wieder kann man nur diese Wetterlage ansagen und vor der Möglichkeit von Fallböen warnen. Wann die zwei gefährlichen Stunden der plötzlichen Bora sein werden, kann niemand genau vorhersagen.

Blizzard und Norther

Da müssten doch Blizzards und Northers heimisch sein?

Diese beiden sind gefürchtete kalte Winde Nordamerikas (➡ Bericht S. 9). Eine Eigentümlichkeit dieses Kontinents liegt darin, dass die Gebirge in Nord-Süd-Richtung verlaufen und sich dazwischen große Ebenen erstrecken. Ohne ein sperrendes Gebirge können polare Luftmassen weit nach Süden vorstoßen und tropische Luftmassen nach Norden. *Blizzards* sind kalte Stürme, die mit heftigem Schneefall verbunden sind.

Häufig suchen sie z. B. New York heim und sorgen dann stets für ein Verkehrschaos. *Northers* hingegen sind trockenkalte Winde, die bis in die Subtropen Nordamerikas vorstoßen können und dann z. B. in den Orangen-Plantagen Floridas Ernteverluste duch Frostschäden bringen. *Blizzards* und *Northers* sind nicht exakt vorhersehbar, besonders nicht ihre Reichweite. Es gibt aber typische Wetterlagen, bei denen man mit ihnen rechnen muss.

> **TIPP:** So entstehen *Blizzards*: Ein Tiefdruckgebiet über den Gro-
> ßen Seen im Norden der USA zieht polare Luft an. Da sich ihr
> keine Gebirgsbarriere in den Weg stellt, kann sie in dem Korri-
> dor zwischen Rocky Mountains im Westen und den Appalachen
> im Osten weit nach Süden vorstoßen. Die polaren Luftmassen
> stammen aus dem Norden Kanadas oder weiter nördlich aus dem
> arktischen Meer. Dann sind sie besonders kalt, denn ihre Aus-
> gangstemperatur beträgt im Schnitt -46 °C.

Tornados

Tornados, unverhofft kommt oft?

Tornados sind Wirbelstürme, die nur über dem Festland
Nordamerikas auftreten und in den Staaten des mittleren
Westens der USA enorme Schäden anrichten. Strömt warme feuchte Luft vom Golf von Mexiko in nordöstliche Richtung über das Land, dann geschieht es häufig, dass sie unter eine kalte Luftmasse gerät, die über die Rocky Mountains ostwärts zieht. Da die Grenzflächen von Luftmassen
unterschiedlicher physischer Eigenschaften wie *Sperrschicht*en wirken, verwirbeln die unterschiedlichen Luftmassen nicht. Vielmehr durchbricht die warme Luft die kalte an einzelnen Stellen und steigt dort wie in einem Schorn-
stein rasant auf. Mächtige Gewitterwolken (Cumulonimben)
quellen auf und entladen sich in heftigen Gewittern. Warum
aus einigen solcher Gewitterwolken *Tornados* entstehen, ist
noch nicht geklärt. Die in den Aufwindschloten hochschie-
ßende Luft beginnt zu rotieren. Diese *Rotation* kann so
schnell werden, dass der Kontakt zur seitlich umgebenden
Luft abreißt. Der Unterdruck in der Höhe kann nur dadurch
ausgeglichen werden, dass Luft von unten angesaugt wird.
Sichtbar wird dieser Vorgang dadurch, dass dieser Ansaug-
schlauch wie ein Rüssel von der Wolke her nach unten
wächst. Erreicht er die Erdoberfläche, dann ist ein *Tornado* entstanden. Dort wütet er mit Rotationsgeschwindig-
keiten von 300 bis 800 km/h. Der *Tornado* kann stillstehen,
aber auch mit 50 bis 60 km/h wandern, sich auch zwischen-
durch vom Boden abheben. *Tornados* hinterlassen Schnei-

sen der Verwüstung in einer Breite von 300 bis 1000 m. Sie sind als Einzelerscheinung nicht vorherzusagen. Gehäuft treten sie in den Monaten Mai bis Juni auf.

> **TIPP:** Der Ansaugschlauch eines *Tornados* wirkt durch aufgenommenen Staub dunkel. Er bringt Gefahr durch seine enorme Rotationsgeschwindigkeit und Saugkraft auf kleinstem Raum, weniger durch seine Zuggeschwindigkeit. ▶ S. 78

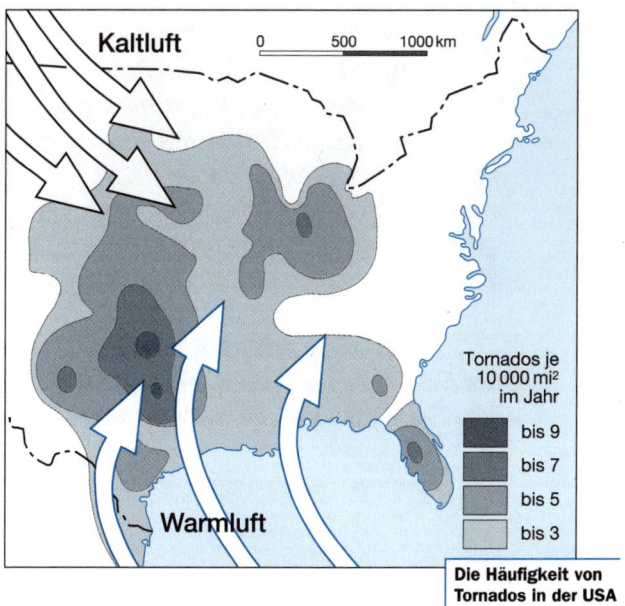

Die Häufigkeit von Tornados in der USA

Ein ernsthaftes

Wir sind ein ausgedehnter Kontinent
mit ansprechender Erdgeschichte.
Wir sind als diversifizierte Landmasse
in den meisten Breitenkreisen
der nördlichen Hemisphäre vertreten
und in zahlreichen Klimabranchen tätig.
Wir eröffnen kreativen Luftmassen
ausgezeichnete Entfaltungsmöglichkeiten.

**Sind Sie energisch,
haben Sie einen ganz eigenen Charakter und
wollen Sie stets Ihren eigenen Weg gehen?**

Dann sind Sie bei uns richtig.

Angebot?

Als Einsteiger besonders aus nördlichen
und südlichen Gefilden
bieten wir Ihnen die Startbahn für Ihre Karriere.
Bei uns stellt sich Ihnen
garantiert kein Gebirge in den Weg.
Bei erfolgreicher Tätigkeit in unseren Landschaften
ist Ihnen eine Erwähnung und vielfältige Beachtung
in in- und ausländischen Medien gewiss.
Kommen Sie auch ohne jegliche Voranmeldung
in unser Bewerberzentrum
unter folgender Adresse:

Mittlere Breiten und Subtropen der USA
Sektion Mittlerer Westen bis Ostküste
Nordamerikanischer Kontinent
23,5° bis 48° NÖRDLICHE HALBKUGEL

Bewegung

Kraft und Druck

Erdrotation ...

Ist die Erde ein Brummkreisel?

Ja, aber sie ändert ihre Geschwindigkeit nicht. Sie dreht sich in Richtung Osten, daher geht auch dort die Sonne auf. Richtig gesagt: Die Sonne erscheint deswegen am Morgen im Osten. Moskau ist uns in der Zeit voraus, dort sehen die Menschen die Sonne früher. New York wartet sechs Stunden länger auf die Morgendämmerung als Berlin. Der Drehbewegung, der *Rotation*, verdanken wir den Wechsel von *Tag und Nacht*, begleitet von steigenden und wieder fallenden Temperaturen.

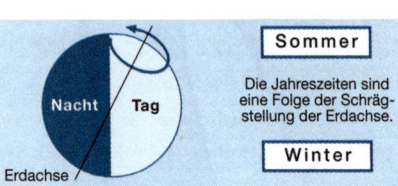

Das Tagesmaximum wird erst nach dem Zeitraum der höchsten Einstrahlung (⇒ S. 66) erreicht.

Sommer

Die Jahreszeiten sind eine Folge der Schrägstellung der Erdachse.

Winter

Nacht   Tag

Erdachse

Erdrotation und ihre Auswirkungen

... und Drallkraft nach Herrn Coriolis

Der Ausgleich zwischen Gebieten mit intensiver und weniger intensiver Einstrahlung findet in einem rotierenden System statt. Die *Drehgeschwindigkeit* ist an allen Stellen der (gedachten) Erdachse gleich – 360° in 24 Stunden. Der Globus trudelt also nicht. Die Geschwindigkeit, mit der ein Punkt der Erdoberfläche sich im Vergleich zum stillstehenden Weltraum bewegt, nimmt von den Polen zum Äquator zu. Je näher ein Punkt dem Äquator liegt, desto länger ist der Weg, den er innerhalb eines Tages zurücklegen muss. 330 m/s entsprechen Überschallgeschwindigkeit. Von all dieser Raserei merken wir nur indirekt etwas, denn die Erde besitzt eine Atmosphäre (➡ Auswirkungen der Atmosphäre, S. 19). Diese Lufthülle wird durch die Anziehungskraft der Erde bei der Drehung mitgenommen.

> **TIPP:** Ein Baum bewegt sich auf 40° nördlicher Breite bereits mit Überschall durch den Weltraum, er besitzt wie die ihn umgebenden Luftpakete (bei Windstille) eine Geschwindigkeit von 1278 km/h. Ein Baum auf dem Äquator bringt es auf stolze 1674 km/h.

Bewegt sich ein Luftpaket (theoretisch) vom Äquator zum 60. Breitenkreis Nord, dann stammt es aus einer Gegend mit doppelter *Drehgeschwindigkeit*. Das Paket eilt den „eingeborenen" Luftpaketen voraus, es wird nach rechts abgelenkt. Umgekehrt trifft sein Kollege aus 60° N mit Reiseziel Äquator dort auf 465 m/s rasante Luftpakete. Da er langsamer ist, rutscht die Erde im Grunde genommen unter ihm durch. Er erreicht den Äquator, wenn auch an einer nach Westen versetzten Stelle (*Rechtsablenkung*). Dieser Drall wirkt auf der Südhalbkugel in gleicher Stärke als *Linksablenkung*. Wir sprechen von der *Corioliskraft*.

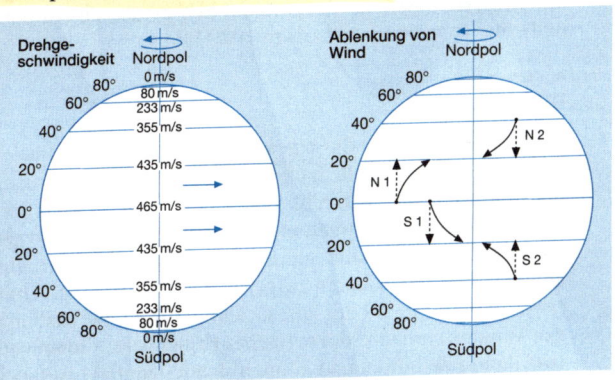

Luftdruck ...

Sind 1020 hPa viel oder wenig Druck?

Es handelt sich um einen (zum Normaldruck auf Meereshöhe von 1013 hPa) relativ hohen atmosphärischen Druck. Der *atmosphärische Druck* ist das Gewicht der Luftsäule, die auf dem jeweiligen Stück Oberfläche unseres Globus lastet. Der Luftdruck wird mit Hilfe von Barometern gemessen, die der Italiener Toricelli erfand. Der Luftdruck ist eines der wichtigen *Wetterelemente* und wird in *Hektopascal* (Abkürzung: *hPa*) angegeben.

> **TIPP:** Früher maß man in Millimetern Quecksilbersäule, und bis vor kurzem in *Millibar* (Abkürzung: *mbar*). Zwischen *Millibar* und *Hektopascal* gab es nur eine Namensänderung, die Werte sind gleich. Beim Quecksilber gilt allerdings: 0,75 mm Säule entspricht 1hPa. Bei den Isobaren hat man keine Namensänderung vorgenommen, man könnte sie ohne Verfälschung der Darstellung auch Isopascalen nennen.

... und Isobaren

Sind gedachte Linien gleichen Luftdrucks. Zur Veranschaulichung werden sie mit uns bekannten Punkten auf Karten verknüpft. Man verbindet auf einer Wetterkarte z. B. alle Messstationen, an denen 1020 hPa gemessen wurden und gelangt so zu einer Isobare 1020 hPa.

Winde ...

Die Winde entstehen als *Druckausgleich* zwischen Druckgebilden mit relativ hohem und relativ niedrigem Luftdruck. Sie sind in *Windstärken* fühl- und messbar. Die sich aus den Druckunterschieden ergebende Kraft wird *Gradientkraft* genannt. Die Winde sind auf der Oberfläche der Erde nicht tangential zu den Isobaren ausgerichtet, sondern kippen mit etwa 10 bis 15° ein oder aus. Grund dafür ist die Reibung des Windes an der Erdoberfläche. Höhenwinde hingegen sind davon verschont und können sich tangential bis paral-

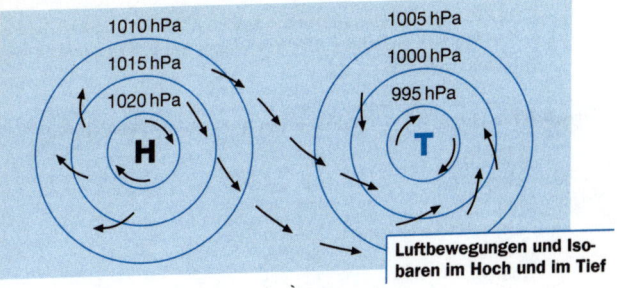

Luftbewegungen und Isobaren im Hoch und im Tief

lel zu den Isobaren ausrichten. Sie werden daher als *geostrophische Winde* bezeichnet.

> **TIPP:** In Bodennähe wehen die Winde auf der Nordhalbkugel aus dem Hochdruckgebiet im Uhrzeigersinn heraus und im Gegenuhrzeigersinn in das Tiefdruckgebiet hinein. Auf der südlichen Halbkugel ist es andersherum.

... und Windstärken

Ozeansegler vermeiden es, mitten durch ein Hochdruckgebiet zu segeln, denn sie werden wenig Antrieb erfahren. Nicht umsonst heißen die randtropischen Gebiete hohen Drucks auf den Ozeanen *Rossbreiten*.

Dort wurden die Seeleute oftmals durch lang anhaltende *Flauten* aufgehalten. Ging das mitgenommene Wasser zur Neige, so mussten sie mitgenommene Pferde schlachten oder über Bord werfen.

Für die zu erwartende *Windstärke* bei Zyklonen gilt folgende Faustregel: Je näher die Isobaren aneinander liegen, desto stärker ist der Wind. Je näher ich mich am Zentrum der Zyklone befinde, desto stärker ist der Wind.

> **TIPP:** Mit Hilfe einer Wetterkarte lassen sich zu erwartende *Windstärken* erschließen. Dazu misst man den Abstand zwischen Isobaren auf einer Karte und errechnet mit Hilfe des Maßstabes die Entfernung in der Wirklichkeit.

TIPP: Sind beispielsweise die Isobaren 995 hPa und 1000 hPa 666 km voneinander entfernt, so kann mit 2 *Windstärken* gerechnet werden.

Druckunterschied	Entfernung	Windstärke
5 hPa	666 km	2
5 hPa	444 km	3
5 hPa	333 km	4
10 hPa	555 km	5
10 hPa	444 km	6
10 hPa	333 km	7
20 hPa	444 km	9
20 hPa	333 km	10
20 hPa	222 km	12

Windstärke *Beaufort-Skala*

Stärke	Bezeichnung	Wetterkartenzeichen	km/h	Auswirkungen
0	Windstille		0–1	Rauch steigt senkrecht empor
1	leichter Zug		0–5	Rauch leicht abgelenkt
2	leichte Brise		6–11	im Gesicht leicht spürbar
3	schwacher Wind		12–19	Blätter bewegen sich dauernd
4	mäßiger Wind		20–28	dünne Äste bewegen sich, Staub wirbelt auf
5	frischer Wind		29–38	dünne Bäume und Äste bewegen sich
6	starker Wind		39–49	bewegt dicke Äste
7	steifer Wind		50–61	Bäume schwanken, Gehen wird erschwert
8	stürmischer Wind		63–74	Zweige brechen ab
9	Sturm		75–88	Dachziegel werden abgehoben
10	schwerer Sturm		89–102	Bäume werden entwurzelt, Gebäudeschäden
11	orkanartiger Sturm		103–117	starke Zerstörungen, Schiffe in Gefahr
12	Orkan		>117	schwere Verwüstungen

Die Lage von Druckgebilden

Das Gesetz von Buys-Ballot (niederländischer Meteorologe des 19. Jahrhunderts) erlaubt es, mit Hilfe der Windrichtung leicht die Lage von Hochdruck- und besonders von Tiefdruckgebieten (in den mittleren Breiten *Antizyklonen* und Zyklonen genannt) zu ermitteln. Dazu dreht man sich mit dem Gesicht in die Windrichtung und kann das Tiefdruckgebiet rechterhand und das Hochdruckgebiet linkerhand vermuten. Auf der südlichen Halbkugel dreht sich diese Regel um: rechts der hohe Druck, links der niedrigere. Somit lässt sich auf der Erdoberfläche das globale Druck- und Windsystem veranschaulichen: Niedriger Druck am Äquator und in den mittleren Breiten und hoher Druck in den Subtropen und an den Polen führt – mit einer Prise „Drall" durch die Erdrotation (*Corioliskraft*) gewürzt – dazu, dass wir beim einfachen Test nach Buys-Ballot entweder einem Westwind oder einem *Passat* bzw. einem polaren Wind aus östlicher Richtung „entgegenschauen".

Das Buys-Ballotsche Gesetz:
eine einfache Wetterbeobachtung zur Lokalisierung von Druckgebilden

Faustregel:
1) Das Gesicht in die Windrichtung drehen,
2) Die Arme seitlich ausstrecken.
3a) Auf der Nordhalbkugel: In Verlängerung des rechten Armes liegt das Tiefdruckgebiet, in der des linken Armes das Hochdruckgebiet.
3b) Auf der Südhalbkugel: In Verlängerung des rechten Armes liegt das Hochdruckgebiet, in der des linken das Tiefdruckgebiet.

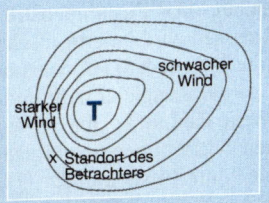

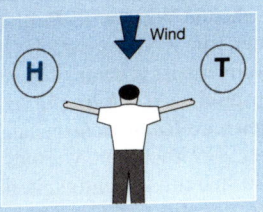

> **TIPP:** (zum Ausprobieren) Mit Hilfe einer Wetterkarte heraus-
> finden, aus welcher Richtung der Wind an einem bestimmten
> Punkt wehen wird. In unserem Beispiel ist sowohl der Standort
> X des Betrachters als auch die Lage des Tiefdruckgebietes be-
> kannt. Da die Winde (auf der Nordhalbkugel) gegen den Uhr-
> zeigersinn in das Tiefdruckgebiet hineinwehen und der Kern
> rechterhand liegt, kann man davon ausgehen, dass das Hoch-
> druckgebiet im Süden oder Südwesten liegt und der Wind auch
> aus dieser Richtung kommt.

Thermische Druckgebilde

ITC und dauerfeuchtes Tropenklima

Warum ist am Äquator nicht alles verbrannt?

Durch die Erddrehung gibt es in Äquatornähe eine erdum-
spannende Tiefdruckrinne. Sie wird ***ITC*** (innertropical con-
vergence) genannt. Hier würde bei einem Erdball ohne Neigung der Achse dauerhaft die größte Einstrahlung herrschen.
Ohne das Wasser der Ozeane gäbe es hier tatsächlich eine
trockene Wüste. Durch die Hitze herrscht ein ***Bodentief*** mit
einem Luftstau an der Obergrenze der Atmosphäre darüber
(***Höhenhoch***). In den Subtropen ist das System umgekehrt.
Dort sinkt die Luft zu Boden. Dabei zieht sie einen Teil der
höheren Luftmassen hinter sich her, der Überschuss über
der ITC wird so ausgeglichen. Als Ausgleich zwischen dem
subtropischen ***Hochdruckgürtel*** und der äquatorialen Tiefdruckrinne fließt ganzjährig Luft als bodennaher Wind Richtung ITC. Dieser von der Süd- und von der Nordhalbkugel
wehende Wind wird ***Passat*** genannt. Das Zusammenströ-
men (die Konvergenz) der Luftmassen wird innertropische
Konvergenz genannt. Das gesamte System der ITC, der subtropischen ***Hochdruckgürtel*** und der Ausgleichsströmungen wird ***Hadleyzelle*** genannt. Wenn die Luft bei ihrem Weg
zur Tiefdruckrinne warmes Ozeanwasser überstreicht, lädt
sie sich mit Feuchtigkeit, die sie beim Aufstieg in der ITC
wieder abregnet (➠ Warum gibt es Wüsten? S. 59). In der

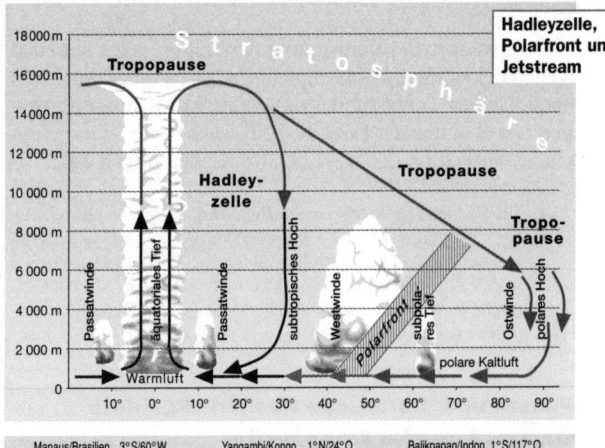

Hadleyzelle, Polarfront und Jetstream

Stratosphäre

18 000 m
16 000 m — Tropopause
14 000 m
12 000 m
10 000 m — Hadley-zelle — Tropopause
8 000 m — Tropopause
6 000 m
4 000 m
2 000 m
0

Passatwinde — äquatoriales Tief — Passatwinde — subtropisches Hoch — Westwinde — Polarfront — subpolares Tief — Ostwinde — polares Hoch

Warmluft — polare Kaltluft

10° 0° 10° 20° 30° 40° 50° 60° 70° 80° 90°

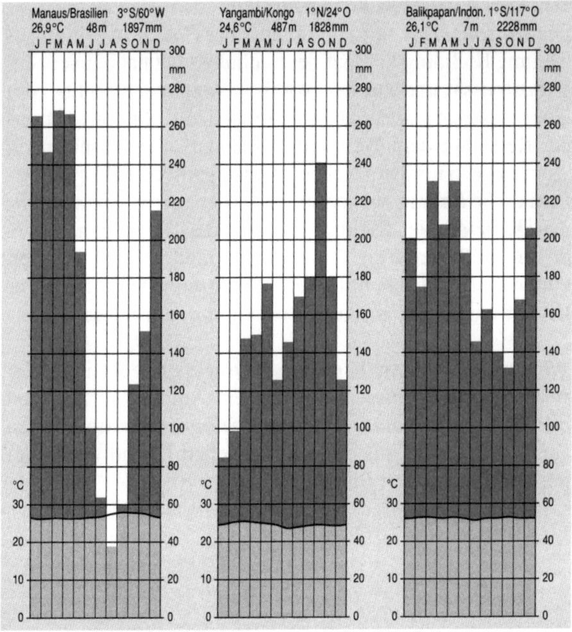

Manaus/Brasilien 3°S/60°W
26,9°C   48m   1897mm
J F M A M J J A S O N D

Yangambi/Kongo 1°N/24°O
24,6°C   487m   1828mm
J F M A M J J A S O N D

Balikpapan/Indon. 1°S/117°O
26,1°C   7m   2228mm
J F M A M J J A S O N D

ITC schwanken die Temperaturen im Jahresgang kaum, und wegen der stetigen Winde sind die Niederschläge dauerhaft hoch. Dadurch entsteht das **dauerfeuchte Klima der Tropen** (➠ Klimate der Erde, S. 120). Hier finden wir die üppigste Vegetation der Welt, den tropischen *Regenwald*.

> **TIPP:** Der Tag im *tropischen Regenwald* beginnt sehr schwül, am Vormittag wird die Feuchtigkeit verdunstet und steigt rasant auf, hoch aufgetürmte Wolken bilden sich. Sie entladen sich am frühen Nachmittag in heftigen Gewitterschauern. Mit nachlassender Einstrahlung am Abend beruhigt sich das System bis zum nächsten Tag.

Passat und thermische Hochdruckgebiete

Wie kam Kolumbus nach Amerika?

Die *Corioliskraft* sorgt dafür, dass der *Passat* in seiner Bewegung Richtung ITC auf der Südhalbkugel nach links zum Südostpassat und auf der Nordhalbkugel nach rechts zum Nordostpassat abgelenkt wird. So segelte Kolumbus auf seiner Reise auf dem Weg von den Kanarischen Inseln nach „Indien" von nordwestlichen Winden getrieben über den Atlantik. Die *Passate* wehen stetig aus den thermischen *Hochdruckgürtel*n der Randtropen bzw. der Subtropen. *Thermisch* heißt, dass die Druckunterschiede hier durch den Unterschied zwischen stärkerer Erwärmung und geringerer Erwärmung (oder größerer Auskühlung) entstehen.

Weitere Gebiete mit thermischen Druckgebilden sind *polare Hochdruckgebiete* an den Polen. Äquatorwärts davon bilden sich *subpolare Tiefdruckrinnen*. Dorthin können auch Luftmassen aus den subtropischen Hochdruckgebieten der *Rossbreiten* fließen.

Dynamische Druckgebilde, Jetstream und Entstehung von Zyklonen

Wir kennen bereits thermische Druckgebilde (⟹ S. 84). *Dynamisch* heißt, dass ein Luftdruckgegensatz zwischen zwei Druckgebilden durch eine Bewegung, z. B. einer Luftmasse, hervorgerufen wird. **Dynamische Druckgebilde** sind typisch für das Wettergeschehen in unserer gemäßigten Zone, das von wandernden Drucksystemen bestimmt wird.

Ist es von New York nach London weniger weit als umgekehrt?

Die große Mischmaschine zwischen der kalten Polarluft und der subtropischen Warmluft in den mittleren Breiten wird

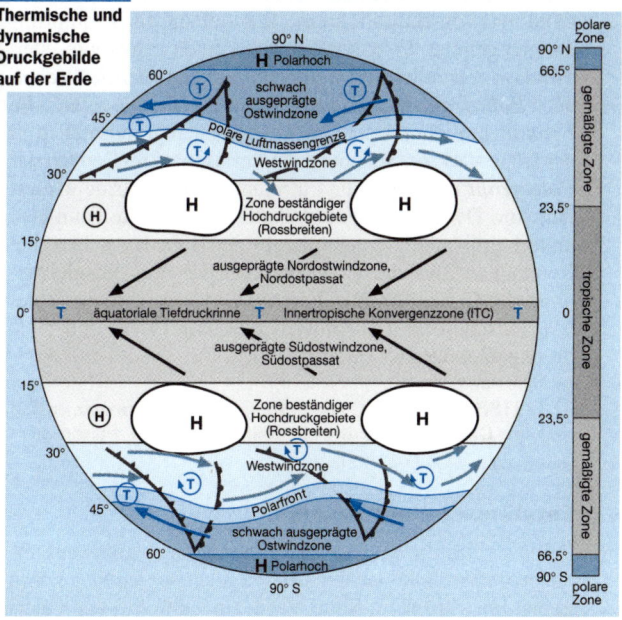

Thermische und dynamische Druckgebilde auf der Erde

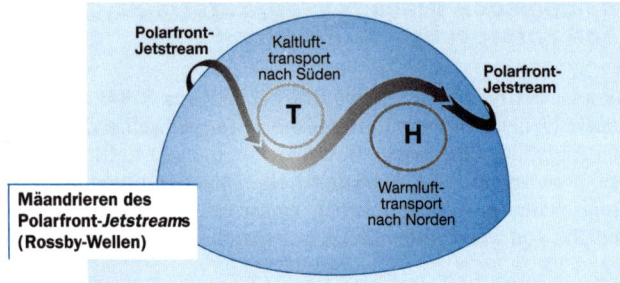

Mäandrieren des Polarfront-*Jetstream*s (Rossby-Wellen)

Polarfront-Jetstream

Kaltlufttransport nach Süden

T

Polarfront-Jetstream

H

Warmlufttransport nach Norden

an der **Polarfront** oder **planetarischen Frontalzone** erledigt. Dort kann in der Höhe ein nach Westen gerichteter Wind mit Geschwindigkeiten bis zu 500 km/h wehen. Diese Strömung wird gern von der Luftfahrt zur Energieersparnis als Rückenwind und von Ballonfahrern als Autobahn für Erdumrundungen genutzt. Es handelt sich um einen geostrophischen Wind (d. h. parallel zu den Isobaren wehend), den **Jetstream**, auch **Polarfront-Strahlstrom** genannt. In der **planetarische Frontalzone** nimmt der Druckunterschied grundsätzlich in der Höhe stark zu. Zudem ist die Atmosphäre im Bereich der **Polarfront** ein dünnerer Luftmantel um die Erde als am Äquator. Der Druckstau unterhalb dieser Decke kann also unverhältnismäßig zunehmen. In der Höhe herrscht keine Reibung an Oberflächen. Daher kann der Druckausgleichswind der **Corioliskraft** gehorchen und westwärts gerichtet wie zwischen zwei Torpfosten zwischen Hoch- und Tiefdruckgebiet durchströmen.

> **TIPP:** Über der ITC gibt es keinen solchen **Jetstream**, da dort die Druckunterschiede in der Höhe nicht so stark zunehmen.

Entstehung einer Zyklone

Wenn zwei Luftmassen, eine kalte und eine warme, aufeinander treffen, vermischen sie sich nicht sogleich, sondern gehen im wörtlichen Sinne gegeneinander vor. Die Oberfläche, die sie trennt, nennt man eine **Front.** Eine *Warmfront* dreht dabei polwärts auf die kalte Luftmasse, die *Kaltfront* polwärts als Keil unter die Warmluft. Die warme Luftmasse ist dabei langsamer, denn sie wandert nicht nur, sondern muss auch aufsteigen. Nun zur Entstehung: Die *Jetstreams* bewegen sich in ungleichmäßigen, so genannten *Rossby-Wellen.* Diese schwingen sowohl nach Norden und Süden aus, als auch in der Höhe. Sie können den Abstieg von Luft, also hohen Druck am Boden von oben aus erwirken. Ebenso kann bei Anstieg einer Welle ein abnehmender Druck in der Höhe nach unten durchgepaust werden. Auch am Boden herrscht dann niedriger Druck.

> **TIPP:** Eine *Warmfront* ist die Unterseite einer warmen Luftmasse, die sich auf eine kalte schiebt, eine *Kaltfront* die Oberfläche einer kalten Luftmasse, die eine warme aufkeilt. Beide Fronten drehen sich auf der Nordhalbkugel im Gegenuhrzeigersinn und auf der Südhalbkugel im Uhrzeigersinn in Richtung auf die jeweiligen Pole.

Der Unterschied zwischen thermischen und dynamischen Druckgebilden besteht nicht nur darin, dass die dynamischen wandern. Sie weisen jeweils in der Höhe und am Boden die gleichen Druckverhältnisse auf. Bei *Hitzetiefs* wie der ITC hingegen sorgt der Auftrieb für Stau in der Höhe.

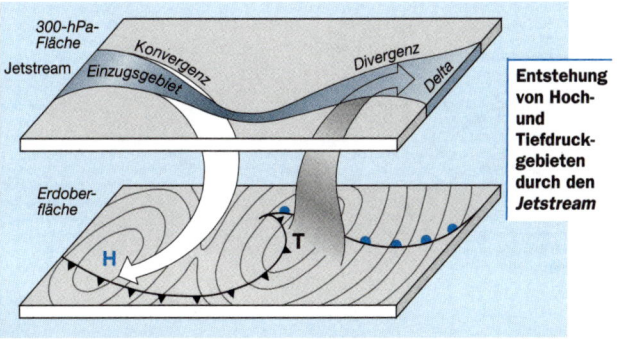

Entstehung von Hoch- und Tiefdruckgebieten durch den *Jetstream*

Unter einem Jetstream kann es nicht dazu kommen. Seine Strömung wirkt wie ein mitreißender Windkanal.

> **TIPP:** Thermische Druckgebilde weisen am Boden und in der Höhe unterschiedlichen Druck auf. Luftmangel steht Luftüberschuss gegenüber. Bei dynamischen Druckgebilden ist dies nicht der Fall. Entweder es gibt oben und unten hohen Druck oder oben und unten tiefen Druck.

Polarfront, Zyklone und Antizyklone
Im Westen nichts Neues?

Ehrfürchtig sprechen die Seeleute von den ***Roaring Forties*** der Südhalbkugel. Dort ist die Wahrscheinlichkeit groß, bei den berühmt-berüchtigten Kaps auf starke Westwinde zu treffen. Hierfür ist die ***Polarfront*** der Südhalbkugel verantwortlich.

Die so genannten atlantischen Tiefausläufer der Nordhalbkugel stammen von der ***Polarfront im Nordatlantik.*** Sie entstehen vor der nordamerikanischen Küste nahe Kanada, wo Nordpolarluft und warme Luft aus der Gegend zwischen den Azoren und des Bermudas aufeinander treffen müssen. Sie bewegen sich von West nach Ost meist zwischen dem 40. und 55. Breitenkreis. Sie sind hauptverantwortlich für

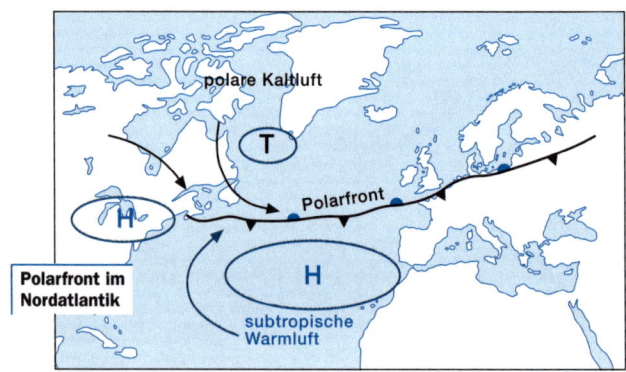

das schlechte Wetter im Nordatlantik. Sie vertiefen sich auf ihrem Weg und brauchen rund fünf Tage, um Europa zu erreichen (➠ Großwetterlagen der mittleren Breiten, S. 113).

Woran erkenne ich eine Zyklone?

Finden wir auf einer Wetterkarte der mittleren Breiten eine Sammlung von konzentrischen Isobaren, deren Wert zur Mitte hin abnimmt, dann haben wir es mit einer *Zyklone* zu tun. Eine Zyklone ist eine Art Trichter, eine Zone niedrigen Luftdrucks mit dem geringsten Druck in der Mitte.

Die Antizyklone, ein laues Lüftchen?

Bei einer *Antizyklone* (oder Hochdruckgebiet der mittleren Breiten) verhält es sich umgekehrt. Hier liegt in der Mitte das Gebiet des höchsten Drucks. Das Gebiet formt so eine Art Hügel hohen Drucks, auf den Luftmassen herabsinken und dabei austrocknen. Sie wandern, wie auch die Zyklonen, auf beiden Erdhälften in Ostrichtung.

Zyklonales Wettergeschehen

Wettergeschehen beim Durchzug einer Zyklone

Eine Zyklone im Anmarsch, was nun?

Segler Schmidt, der sich auf einem Chartertörn vor der bretonischen Küste erholt, erkennt über sich langsam Zirren (➠ Wolkenfamilien, S. 46) aufziehen und kann am Barometer ein Abnehmen des hPa-Wertes feststellen. Er folgert daraus, dass eine Zyklone im Anmarsch ist. Er weiß zum Einen, dass der Luftdruck abnimmt, wenn eine wärmere Luftmasse herangeführt wird, denn diese übt weniger Druck aus. Zum Anderen erkennt er in der Höhe ein Aufgleiten von warmer auf kalte Luft, die Zirren deuten darauf hin. Er beobachtet aufmerksam sein Barometer, denn er weiß, dass ein Fallen des Drucks ihm die *Windstärke* ankündigt.

Immer nur Westwind?

1. Der leichte Südost- oder Südwind dreht auch bald auf Südwest und legt an Stärke zu. In der Zwischenzeit hat sich der Himmel mit Schichtwolken zugezogen, die Sonne kommt kaum noch durch. Diese Aufgleitbewölkung bringt Aufgleitregen mit sich, der lange anhalten kann.

2. Der Warmsektor wird erreicht, die Sicht wird langsam besser, die Niederschläge enden, der Wind nimmt leicht ab. In diesem Bereich befinden sich noch einige Cumuluswolken, auch in Schichten als Stratocumulus sind sie zu finden. Altocumulus schließen das Wolkenbild ab.

3. Die Zeichen für Gewitter sind gesetzt. Die *Kaltfront* rückt näher. Sie drückt die warme Luft wie ein Keil nach oben. Durch diese *Konvektion* sinkt der Luftdruck.

Der Wind dreht erst einmal zurück. Das heißt, er weht wieder aus der südwestlichen Richtung, die er schon im vorherigen Kaltluftkeil innehatte. Rückdrehender Wind: Wir können sicher sein, dass er umspringen wird.

4. Die *Kaltfront* kommt mit Macht. Die Cumulonimbuswolke entlädt sich mit Gewittern, Hagel und Regenschauern. Der Wind dreht schlagartig auf Nordwest und legt sehr stark zu. Die Gewitterböen der *Kaltfront* zählen zu den gefährlichsten Luftbewegungen in den nördlichen *Mittelbreiten*. Wir ertragen die Niederschläge und den Wind.

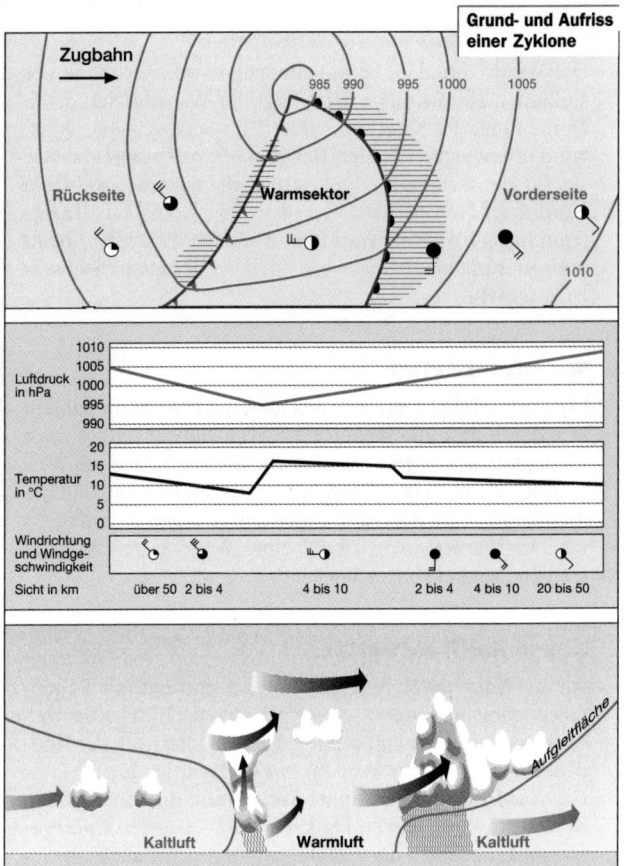

Grund- und Aufriss einer Zyklone

5. Danach werden wir mit Wetterberuhigung belohnt. Einige aufgetürmten Haufenwolken (Cumulus congestus) können noch Niederschlag bringen, aber es herrscht meist kaltes, klares Wetter. Wir sprechen auch von ***Rückseitenwetter***. Der Luftdruck ist mittlerweile gestiegen, denn diese kalte Luft hat die Tendenz abzusinken.

Wie weht es denn auf der Südhalbkugel?

Die Windrichtungen beim Durchzug einer Zyklone in der südlichen Hemisphäre: Hier liegt der Warmluftsektor im Norden und der Kern der Zyklone im Süden davon. Westwind überwiegt auch hier. Bei gleicher Ausgangslage, wie sie für die Nordhalbkugel beschrieben wurde, weht ein Nord- oder Nordostwind, der dann über Nordwest (*Warmfront* naht) auf West (Warmsektor) dreht. Vor der *Kaltfront* dreht er zurück auf Nordwest, um dann heftig aus Südwest zu kommen.

Warmfrontwetter

Da warme Luft langsamer wandert als kalte Luft, schiebt sich der Warmluftkeil langsam auf die kühlere Luft, die vor ihr liegt. In der Regel verlaufen die Veränderungen des Wettergeschehens an der *Warmfront* also eher langsam und undramatisch. Gewitter sind wegen der geringen Turbulenzen rar. Die *Warmfront* wird auf einer Wetterkarte mit roten Halbkreisen gekennzeichnet.

... und Kaltfrontwetter

An den *Kaltfront*en hingegen können sintflutartige Regenfälle niedergehen, denn dort wird die warme Luft heftig nach oben gedrückt. Sie kühlt sehr schnell ab, und nach der Kondensation regnen die Wolken fast schlagartig ab.
Die *Kaltfront* wird auf einer Wetterkarte mit einer blauen Spitze gekennzeichnet. Da kalte Luft – aus den *Polargebieten* stammend – heranrückt, empfinden wir auch ein Gefühl der Frische. Es kommt bei Stabilisierung des Systems zu anhaltender Abkühlung.

Okklusion und Zyklonensterben

Lang anhaltend kann es an der *Warmfront* regnen, aber auch beim Absterben einer Zyklone ist mit langer Regendauer zu

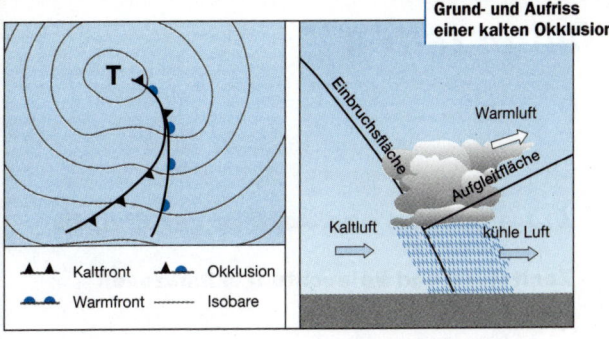

Warmluft

Einbruchsfläche

Aufgleitfläche

Kaltluft   kühle Luft

▲▲ Kaltfront   ▲● Okklusion

●● Warmfront   ------ Isobare

rechnen. Die schnellere *Kaltfront* holt irgendwann die lang-
samere *Warmfront* ein und hat dann alle Luft des Warm-
luftsektors nach oben gedrückt. Die Aufgleitfläche wird so-
zusagen von der Einbruchsfläche gerammt. Da der Warmluftkeil nicht mehr mit Nachschub versorgt wird, kühlt er
aus und verwirbelt mit der kühlen Luft der *Kaltfront*. Durch
die vollständige Verwirbelung sind die Unterschiede in der
Feuchtigkeit ausgeglichen, der Niederschlag hört auf. Die
nun einheitliche Luftmasse hat keinen Druckunterschied
mehr, die Zyklone hat abgelebt.

Die Auflösungsphase der Zyklone, die Okklusion, wird mit
einer Mischung aus den Markierungen der beiden Fronten
gekennzeichnet: Blaue Spitzen und rote Halbkreise wech-
seln einander ab.

Jahreszeiten

Erdrevolution und Schiefe der Ekliptik

Zenitstand und Beleuchtungsklimazonen
Warum gibt es Jahreszeiten?

Unter der **Revolution** versteht man den Umlauf der Erde um die Sonne in einer fast kreisförmigen Ellipse. Beträgt die Erdrotation 24 Stunden, so dauert eine **Revolution** 365,25 Tage, also ein Jahr.

> **TIPP:** Die *Jahreszeiten* sind nicht gleich lang. Für die Nordhalbkugel gilt: Frühling 92 Tage und 19 Stunden, Sommer 93 Tage und 15 Stunden, Herbst 89 Tage und 20 Stunden, Winter 89 Tage. Dies liegt daran, dass die Erde die Sonne nicht mit gleich bleibender Geschwindigkeit umläuft.

Schiefe der Ekliptik. Zudem ist die gedachte Erdachse zur Ebene dieses Fliegens (die Ekliptik) um unseren Leuchtstern um 23,5° gekippt (die Schiefe).

> **TIPP:** Die Erdachse ändert beim jährlichen Umlauf der Erde um die Sonne ihre Richtung nicht. Daher ist am 21. Juni das Nordende (Nordpol) der Achse zur Sonne geneigt. Am 22. Dezember ist umgekehrt das Südende (Südpol) der Sonne am nächsten. Während dieses *Südsommers* herrscht auf der Nordhalbkugel also Winter und umgekehrt.

Wir können durch diese beiden Effekte den Erdball in Beleuchtungsklimazonen einteilen: Dabei wird der Einfallswinkel der Sonnenstrahlen als Kriterium angesetzt. Die Sonne steht im *Zenit*, wenn die Strahlen mittags im Winkel von 90° auf die Erdoberfläche fallen.

Tropen, Mittelbreiten und Polargebiete

Man unterscheidet die Tropen vom Äquator bis jeweils 23,5° nördlicher und südlicher Breite. Hier steht die Sonne an allen Punkten jeweils zweimal im Jahr im Zenit. Am Äquator am 21. März und am 23. September. Die *inneren Tropen* sind Gebiete, in denen die Mittagshöhe der Sonne immer mindestens 66,5° beträgt. Die Beleuchtungs- und Bestrahlungsbedingungen verändern sich hier im Jahresverlauf kaum (➧ Klima *tropischer Regenwald*, S. 84). Die Zenitstände wandern bis zu den Wendekreisen und kehren wieder um. In den äußeren Tropen folgen die Zenitstände vor und nach der Sommersonnenwende der jeweiligen Halbkugel schneller aufeinander als in den inneren Tropen. Nach dem letzten Zenitstand muss man dafür umso länger auf den nächsten vor der nächsten Sommersonnenwende warten. Die geringste Mittagshöhe beträgt 43°. An den Wendekreisen variiert die Tageslänge im Jahreslauf um drei Stunden. Die Sonne steht dort nur einmal pro Jahr im Zenit (Nordhalbkugel 21. Juni, Südhalbkugel 22. Dezember).

Den Zenitständen folgen die *Regenzeiten* (*Zenitalregen*) zeitversetzt nach. Die Zustrahlungsdauer bewirkt nicht nur die unterschiedliche Nacht- und Tageslänge, sondern auch die Länge und die Ausprägung der *Jahreszeiten*. Diese ist bedingt durch die Sonnenhöhe.

Die *Mittelbreiten* werden eingeteilt in
– die *niederen Mittelbreiten* von jeweils 23,5° bis 45°. Hier steht die Sonne mittags im Sommer zwischen 90° und 67° und der Tag bleibt mit höchstens 15 Stunden relativ kurz.

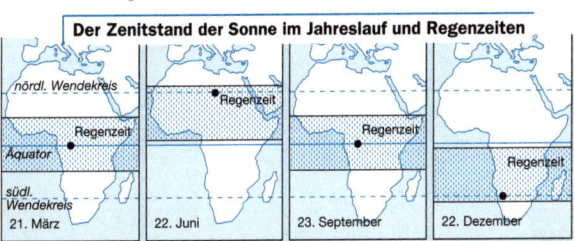

Der Zenitstand der Sonne im Jahreslauf und Regenzeiten

nördl. Wendekreis			
	Regenzeit	Regenzeit	
Regenzeit			Regenzeit
Äquator			
südl. Wendekreis			
21. März	22. Juni	23. September	22. Dezember

Im Winter steht die Sonne mittags zwischen 45° und 23° und die Tage sind wenigstens 8,5 Stunden lang. Es gilt also: Je näher ich dem Wendekreis komme, desto geringer ist der Unterschied zwischen Tag- und Nachtlänge.

– die *höheren Mittelbreiten* von jeweils 45° bis zum Polarkreis auf 66,5°. Hier gibt es den höchsten Sommersonnenstand von 67° bis 45°. Am kürzesten Wintertag kommt die Sonne aber nicht mehr als 23° über den Horizont. Je mehr man sich den Polen nähert, desto länger werden im Sommer die Tage und im Winter die Nächte.

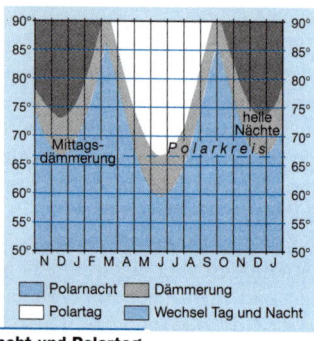

Polarnacht und Polartag auf der Nordhalbkugel

Die Länge des Polartages

Die *Polargebiete* erstrecken sich von jeweils 66,5° bis zu den Polen. Am Polarkreis dauert der Polartag, an dem die Sonne nicht unter dem Horizont versinkt, einen Tag, ebenso die Polarnacht, an dem sie nicht „aufgeht" (nicht über dem Horizont erscheint). An den Polen verlängern sich die hellen und dunklen Phasen: Am Nordpol ist vom 20. 3. bis zum 23. 9. Polartag, danach wird es dunkler.

Tropen und Jahreszeitereignisse

Regenzeiten und wechselfeuchtes Tropenklima

Wie entstehen Regenzeiten?

Die Beleuchtungs- und Bestrahlungsbedingungen der äußeren Tropen verändern sich, über das Jahr betrachtet, weit mehr als die der *inneren Tropen* (➠ S. 84). In Richtung Äquator rücken die Zenitstände zeitlich auseinander, und die Niederschlagsmengen nehmen zu. Das Jahr besteht nun aus zwei Regen- und zwei *Trockenzeiten*, wobei die *Trockenzeiten* immer kürzer werden. Die beiden Zenitstände können wir im Klimadiagramm als Niederschlagshöchst-

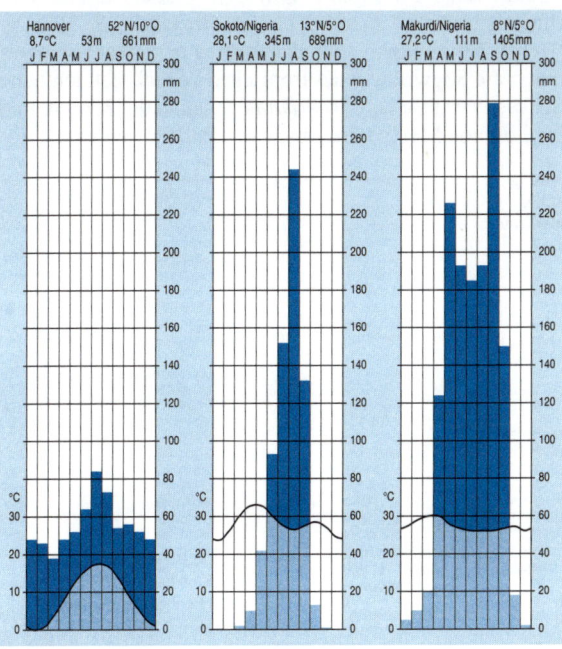

werte erkennen. Es können auch zwei *Regenzeiten* mit einer kleinen „Zwischentrockenzeit" (z. T. nur mit Abnahme der Menge) festgestellt werden. Wir sprechen in allen diesen Fällen von **wechselfeuchtem Tropenklima**. Die Savanne ist die Vegetationszone in dieser Klimazone.

Tropische Wirbelstürme

Wo und zu welcher Jahreszeit muss ich
mit Wirbelstürmen rechnen?

Gefürchtet sind tropische Wirbelstürme für ihre enorme Zerstörungskraft, wobei die Gefahren nicht nur von den Windgeschwindigkeiten bis zu 300 km/h ausgehen, sondern besonders von der Menge des bewegten Wassers, das als sintflutartiger Regen niedergeht (➠ *Hurrikan*, S. 10). An flachen Küsten kann auch der Anstieg des Meeresspiegels durch die Sogwirkung des tropischen Wirbels beträchtliche Schäden verursachen. *Hurrikan*s wüten in der Karibik und im Golf von Mexiko. Im westlichen Pazifik werden die tro-

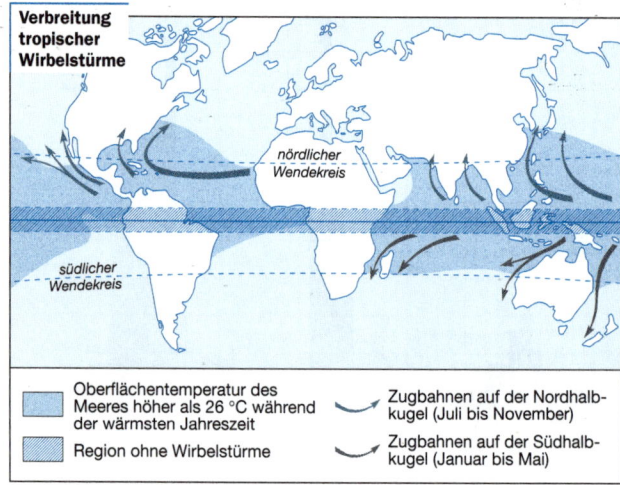

Verbreitung tropischer Wirbelstürme

nördlicher Wendekreis

südlicher Wendekreis

Oberflächentemperatur des Meeres höher als 26 °C während der wärmsten Jahreszeit

Region ohne Wirbelstürme

Zugbahnen auf der Nordhalbkugel (Juli bis November)

Zugbahnen auf der Südhalbkugel (Januar bis Mai)

pischen Wirbelstürme *Taifun* genannt (von chinesisch t'ai-fun, großer Wind) und in Indien Zyklon. Die Saison der tropischen Wirbelstürme auf der Nordhalbkugel ist die Zeit von Juli bis November, auf der Südhalbkugel von Januar bis Mai. In Australien heißen die tropischen Stürme *Willy-Willy*. Sie kommen in dieser Hemisphäre auch im Indischen Ozean vor. Tropische Wirbelstürme entstehen durch Erwärmung des Meeres, ihr zeitliches Auftreten ist an die jahreszeitliche Verschiebung der Zone der stärksten Bestrahlung gebunden. Erreicht die Oberflächentemperatur des Wassers über einen längeren Zeitraum auf weiten Flächen mehr als 26,5°C, so steigt die feuchte Luft auf und setzt als die größte bekannte Cumuluswolke (➠ Wolkenfamilien, S. 46) riesige Mengen Energie frei (➠ *latente Wärme*, S. 41). Ist die *Corioliskraft* ab ca. 4° nördlich oder südlich des Äquators groß genug, so kann sie dem entstehenden Tiefdruckwirbel einen Drall geben. Er verstärkt sich selbst und bildet das typische Auge in der Mitte aus. Hier gibt es aufgrund der hohen Fliehkraft der Drehung keine Wolken, dafür aber aus der Krone des Wirbels herabsinkende Luftmassen. Tropische Wirbelstürme sind im Vergleich zu Landwirbelstürmen wie *Tornados* (➠ Tornado, S. 74) schon bei ihrer Entstehung leicht im Satellitenbild zu erkennen. Man kann die Gesamtwetterlage beurteilen und *Zugbahnen* früherer Wirbelstürme mit dem westwärts gerichteten Wandern des Kandidaten vergleichen. Danach lassen sich Aussagen über eine mögliche Zugbahn machen und Warnungen aussprechen.

Wie stirbt ein Hurrikan?

Inseln und Landzungen kann der *Hurrikan* einfach überlaufen. Über dem Festland oder über kühlen Meeren muss er sich abschwächen, da ihm die Energiequelle, das heiße Meer fehlt. Er kann aber in einem großen Bogen den Nordatlantik queren und als *Orkantief* von Nordwesten her Europa treffen. Das Auge geht aufgrund der geringeren Rotationsgeschwindigkeit verloren. Wir erkennen nur noch ein Zentrum der Wolkenmasse.

El Niño und La Niña

Woher kommen die Fischschwärme im Meer um die Galapagos-Inseln?

Normalerweise überquert der Südostpassat den Pazifik von Südamerika kommend. Die *Meeresströme* unter ihm fließen in die gleiche Richtung, und das Oberflächenwasser hat viel Zeit sich zu erwärmen, bis es den Westpazifik erreicht. So ist die Wassertemperatur am Strand von Indonesien rund 7,5°C höher als am Strand von Peru. Sogar der Wasserspiegel ist hier durch den starken Strömungsdruck erhöht, im Schnitt um einen halben Meter.

Vor der Küste Südamerikas wird das fehlende Wasser ersetzt, kaltes *Tiefenwasser* steigt auf und fließt in den Kreislauf. Der kalte Humboldtstrom ist geboren. Er führt große Mengen an Plankton mit sich. Von diesem reichen Nahrungsangebot leben die riesigen Fischschwärme vor der Küste von Ecuador und Peru.

> **TIPP:** Die *Passat*strömung kann Oberflächenwasser von Ozeanen in Bewegung halten und wie mit einem Besen in eine Ecke kehren: So treffen vom Südost- und Nordostpassat getriebene warme Meeresströmungen auf die Ostküsten der meisten Kontinente. So wie das „fehlende" Oberflächenwasser vor Marseille bei Mistral (⟶ S. 70) von kaltem *Tiefenwasser* ersetzt wird, so folgen dem vertriebenen Oberflächenwasser der Ozeane in solchen Fällen kalte Meeresströmungen nach. Diese sind deutlich vor den Westküsten der Kontinente zu erkennen (⟶ Klimakarte, S. 120).

Die benachbarte Atacamawüste (Gegenteil von ⟶ Advektionsregen, S. 56) kann nicht beregnet werden. Die kühle Luft über dem Humboldtstrom hat eine geringe absolute Feuchte.

Über dem Land wird sie erwärmt, und die *relative Luftfeuchtigkeit* sinkt auf extrem niedrige Werte. In Australien und Indonesien hingegen regnen sich Luftmassen aus, die sich über lange Strecken über warmem Wasser mit Feuchtigkeit voll saugen konnten.

Kommt das Christkind nicht jedes Jahr?

Christi Geburt wird regelmäßig gefeiert, **El Niño** kommt zum Glück nur in Abständen von fünf bis neun Jahren, allerdings mit steigender Tendenz. Immer wieder schlagen die Fischer Alarm: Das Christkind, auf Spanisch El Niño, bringt zu Weihnachten keine Geschenke, sondern Unheil über die Menschen: Der *Passat* flaut ab und hat nicht mehr die Kraft, die Strömung aufrechtzuerhalten. Noch schlimmer – sie dreht sich um: Das Wasser schwappt wie in einer Badewanne von der Westseite des Pazifiks an die Ostseite, also vor die Westküste Südamerikas. Das *Tiefenwasser*, von Natur aus schwerer, bleibt unter dem warmen Oberflächenwasser. Es wird nicht durch das übliche Abfließen nach oben gepumpt. Die Nährstoffe für die Fische, die Seevögel, die Robben auf den Galapagos-Inseln und schließlich auch für die Menschen bleiben in der Tiefe.

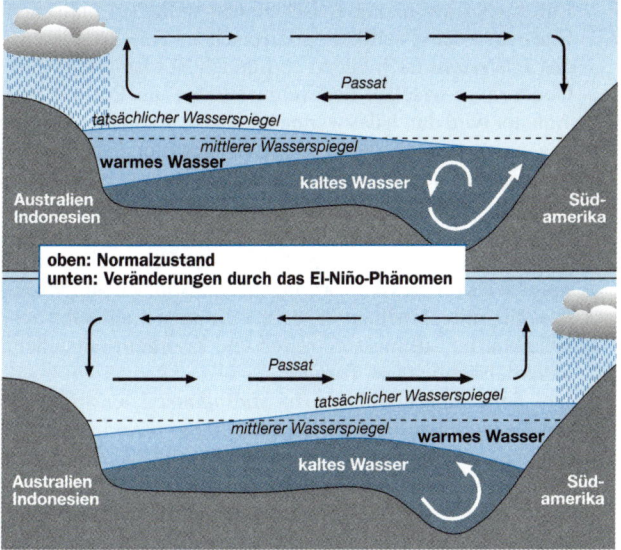

Passat

tatsächlicher Wasserspiegel

mittlerer Wasserspiegel

warmes Wasser

kaltes Wasser

Australien Indonesien

Südamerika

oben: Normalzustand
unten: Veränderungen durch das El-Niño-Phänomen

Passat

tatsächlicher Wasserspiegel

mittlerer Wasserspiegel

warmes Wasser

kaltes Wasser

Australien Indonesien

Südamerika

El Niño, das Klima-Monster aus dem Pazifik?

Eine Katastrophe mit Massensterben von Tieren ist Folge dieser höheren Wasseroberflächentemperatur. *Dürre* mit Staubstürmen verwüstet in Australien ganze Landstriche; auf den Inseln Indonesiens wüten Waldbrände. In der Küstenwüste Südamerikas fällt gleichzeitig Regen. Die Samen der Wüstenpflanzen, die seit dem letzten El Niño im Boden liegen, keimen. Aus der Wüste wird ein Blütenmeer. Doch die Regenmengen sind häufig so hoch, dass an den Andenhängen Erdrutsche und Überschwemmungen schwere Schäden anrichten. El Niño hält ein bis zwei Jahre an, dann stellt sich die normale *Zirkulation* wieder ein.

Lange Zeit wurde El Niño als regionales Ereignis gesehen, doch zeichnet sich ab, dass die Folgen globale Ausmaße erreichen: *Dürre* in der *Sahelzone*, Frostkatastrophen in China, *Eisregen* in Kanada. Man vermutet die Ursachen für die Abschwächung und das Ausbleiben des *Passats* in einer Luftdruckschwankung zwischen dem südlichen Indischen Ozean und dem Pazifik. Logisch erscheint eine Verlagerung des *Jetstream*s nach Süden im Bereich Nordamerikas: Der Gegensatz zwischen den Temperaturen am Pol und am Äquator wird durch das warme Wasser verstärkt, der Druckgegensatz dadurch größer. Der Wind gewinnt an Durchsetzungskraft. Das gibt demjenigen Recht, der das erhöhte Vorkommen von *Tornados* in einem El Niño-Jahr mit dem Badewanneneffekt in Verbindung bringt. Der südlicher verlaufende Höhenwestwind kann in den USA weiter Richtung Golf von Mexiko vordringen. Die Wahrscheinlichkeit, dass die mitgebrachten kälteren Luftmassen auf subtropische warme Luftmassen treffen und *Tornados* entstehen, steigt tatsächlich (➡ *Tornado*, S. 74).

Um die Weihnachtszeit, also im *Südsommer*, kann aber auch das Gegenteil geschehen: **La Niña** bringt unverhältnismäßig niedrige Wassertemperaturen vor der südamerikanischen Küste. Ob dadurch die *Tornadohäufigkeit* im mittleren Westen der USA sinkt, wird die Forschung der nächsten Jahre oder Jahrzehnte zeigen.

Sommermonsun …

Die Indienreise Vasco da Gamas			
Ort		**Daten**	**Reisedauer**
Kenia	ab	27. 04. 1498	3 Wochen
Indien	an	20. 05. 1498	
Indien	ab	29. 08. 1498	4 Monate
Kenia	an	02. 01. 1499	

Auf dem Seeweg folgte Da Gama den Felukken der arabischen Händler auf dem Weg von Afrika an die indische Westküste. Die Hinfahrt verlief problemlos. Der gleichmäßige Wind schob sie vor sich her. Nach Ende der Mission sollte es nach Hause gehen.
Die Rückfahrt wurde ein Fiasko. Der Wind hatte seine Richtung nicht geändert. Die Schiffe mussten nun vier schier endlose Monate lang gegen ihn kreuzen. Die Hälfte der Mannschaft verstarb auf dem Weg nach Afrika. Haben wir bisher etwas falsch verstanden? Warum blies ihm auf der Hinfahrt nicht der *Passat* entgegen, um ihn auf der Rückfahrt vor sich her zu treiben?

Der zwischen den Wendekreisen jahreszeitlich pendelnde Sonnenstand verschiebt die Hitzezonen und somit auch die Luftdruckgürtel. So wird die Innertropische Konvergenzzone (ITC) ständig verlagert. Im *Südsommer* heizen sich Südamerika, Afrika und Australien besonders stark auf. Die ITC ist hier nach Süden verlagert. Im Nordsommer werden die Landmassen Südasiens stark erwärmt. Dann verläuft die ITC über der arabischen Halbinsel, das Hochland des Iran und weiter über den Himalaya und China. Dort liegt sie sogar nördlich des nördlichen Wendekreises.

> **TIPP:** Die Aufheizung von Landmassen durch starke jahreszeitliche Einstrahlung kann ganze Systeme auf den Kopf stellen. Luftmassen der südlichen Halbkugel haben auf der nördlichen eigentlich nichts zu suchen.

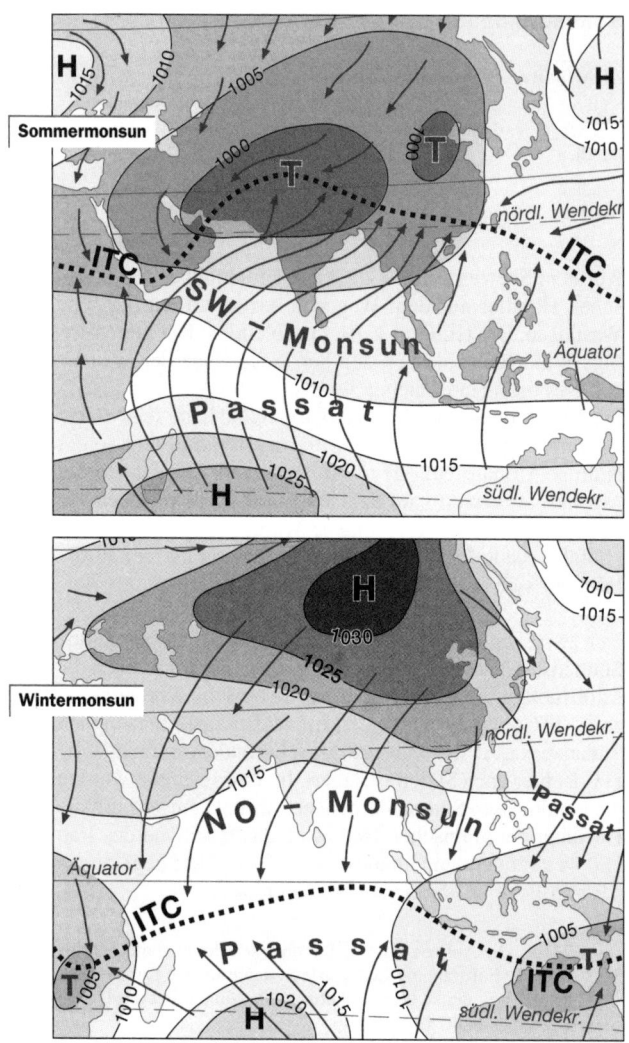

Sommermonsun

H 1015
1010
1005
1000
T
000 T
nördl. Wendekr.
ITC
ITC
SW – Monsun
H 1015
1010
Äquator
P a s s a t
1010
1020
1015
H
1025
südl. Wendekr.

Wintermonsun

H 1030
1025
1020
1010
1015
nördl. Wendekr.
1010
1015
passat
N O – Monsun
Äquator
ITC
ITC
T 1005
1005
T
P a s s a t
1010
1015
H
1020
1010
südl. Wendekr.

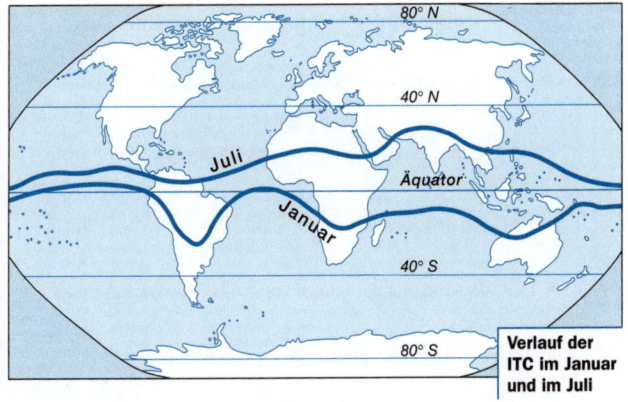

Verlauf der
ITC im Januar
und im Juli

Ein Dorf in Pakistan wurde von reißenden Fluten fortgespült, wie kann das sein?

Die Reise des Wassers, das in Pakistan schwere Schäden anrichtete, beginnt auf der Südhalbkugel. Der Südostpassat weht ganz normal vom Hochdruckgebiet des südlichen Indischen Ozeans bis zum Äquator. Nun will er weiterströmen zum Tiefdruckgebiet über Asien, dem gewaltigen *Hitzetief* über Sibirien. Er überschreitet den Äquator und muss sich nun wie eine Luftmasse der Nordhalbkugel benehmen. Durch die *Corioliskraft* (➠ S. 78) wird seine Strömungsrichtung nach rechts abgelenkt.

Der ursprüngliche *Passat* erreicht Indien als Monsun aus südwestlicher Richtung. Im Golf von Bengalen können Zweige dieses Windes vor dem Himalaya in westliche Richtung abgelenkt werden. Sie strömen das Gangestal hinauf und erreichen so Pakistan.

Der Monsun eine Strafe Gottes?

Auf dem ganzen langen Weg konnte sich die Luft über warmen Meeren mit *Wasserdampf* voll saugen. Wenn sie auf den Kontinent trifft, regnet sie sich ab. Die Westghats, die Steilküste Südwestindiens, und die Südhänge des Himalayas

Die Entstehung des Südwest-Sommermonsuns

Die Landmasse Asiens heizt sich im Sommer auf

↓

ungewöhnlich starke Nordverlagerung der ITC über Asien

↓

Das Hoch der Südhalbkugel soll für Druckausgleich sorgen

↓

Der Südost-Passat der Südhalbkugel überquert den Äquator

↓

Rechtsablenkung auf der Nordhalbkugel

↓

Luftmassen erreichen Indien als Sommermonsun

↓

ergiebige Regenfälle

↓

Regenzeit

gehören zu den regenreichsten Gebieten der Erde. Der Süd-westmonsun kann durch Überschwemmungen erhebliche Schäden anrichten, er ist aber der einzige regenbringende Wind im Jahr in Südasien und wird daher als ein Geschenk Gottes angesehen. Setzt er verspätet ein oder fällt er zu schwach aus, dann fehlt dem ganzen Subkontinent das lebensnotwendige Wasser für die Landwirtschaft. *Dürre* führt dann zu Hunger.

> **TIPP:** Der Begriff Monsun ist abgeleitet vom arabischen Wort mausim, was Jahreszeit bedeutet. Die *Regenzeit* dauert von Ju-ni bis Oktober, danach folgt eine warme Trockenzeit von No-vember bis Februar und eine heiße von März bis Mai. Arabische Kaufleute nutzten diesen regelmäßigen und beständigen Wind bei ihren Handelsfahrten nach Indien.

... und Wintermonsun

Im *Südsommer* verlagert sich die ITC nach Süden, sodass Südost- und Ostasien in den Einflussbereich des trockenen ablandigen Nordostpassats geraten. Dieser wird auch Wintermonsun genannt. Innerhalb der wechselfeuchten Tropen gibt es also einen *Monsunklimatyp*.

> **TIPP:** An der Westseite Indiens finden wir Klimastationen mit besonders hohen sommerlichen Niederschlägen, die den Staueffekt des Westghats erkennen lassen, und *Trockenzeiten* im Winter.

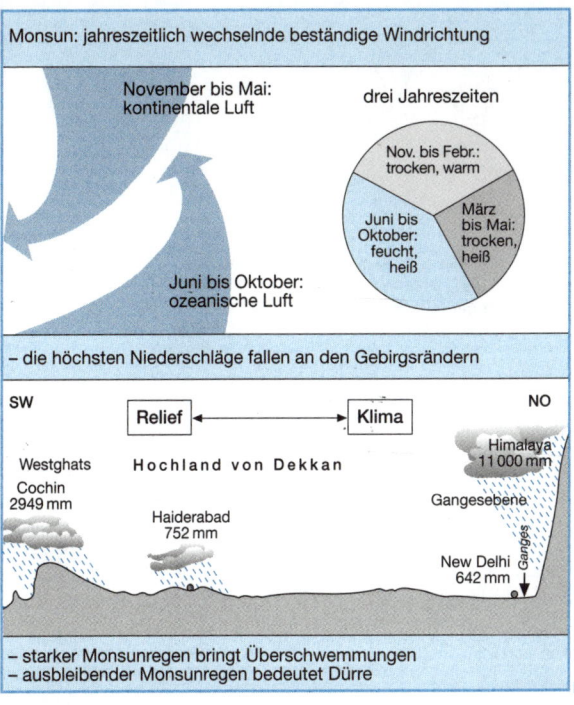

Monsun: jahreszeitlich wechselnde beständige Windrichtung

November bis Mai: kontinentale Luft

drei Jahreszeiten

Nov. bis Febr.: trocken, warm

März bis Mai: trocken, heiß

Juni bis Oktober: feucht, heiß

Juni bis Oktober: ozeanische Luft

– die höchsten Niederschläge fallen an den Gebirgsrändern

SW

NO

Relief ⟷ Klima

Westghats
Cochin
2949 mm

Hochland von Dekkan

Haiderabad
752 mm

Himalaya
11 000 mm

Gangesebene

Ganges

New Delhi
642 mm

– starker Monsunregen bringt Überschwemmungen
– ausbleibender Monsunregen bedeutet Dürre

► S. 112

BAUER

Januar:
Die Erde muss ihr Betttuch haben,
soll sie den Winterschlummer laben.

Der Februar hat seine Mucken,
baut von Eis oft feste Brucken.

Nordwind, der im Juni weht,
nicht im besten Rufe steht.
Kommt er an mit kühlem Gruß,
bald Gewitter folgen muss.

Wenn der
Juli fängt
zu tröpfeln an,
wird man lange
Regen han.

Durch Septembers
heiter'n Blick,
schaut manchmal
der Mai zurück.

Ist der Oktober kalt,
so macht er
für's nächste Jahr
dem Raupenfraß halt.

Jahreszeiten und Wetterlagen außerhalb der Tropen

Mittelmeerklima

Warum ist es am Mittelmeer so schön?

Mit den Zenitständen verschieben sich die Zonen der Sonneneinstrahlung. So reicht das thermische Hoch der subtropischen-randtropischen Zone im Nordsommer über Nordafrika hinaus bis in das Mittelmeergebiet. Diese Großwetterlage ist sehr stabil und garantiert somit heiße und trockene Monate. Von der Südküste des Mittelmeeres bläst der Wind aus dem Hochdruckgebiet heraus (➡ *Schirokko*, S. 64).

> **TIPP:** Im Mittelmeer gilt: Hochdruck bis zu den Alpen macht den Sommer fein, Westwinde im Winter schwenken Regen ein. Dann sind die Alpen das Schild, keine Luft aus Norden, es bleibt mild.

Von Norden her kommen kontinental-trockene Winde (➡ *Etesien*, S. 119, Mistral, S. 70). Im Winter hingegen verlagern sich die Drucksysteme nach Süden, und der Mittelmeerraum gerät unter den Einfluss der Westwinde. Maritim-feuchte Luftmassen können eindringen und sorgen für Niederschläge. Das Mittelmeerklima zeichnet sich also im Winter durch relativ milde Temperaturen und Regen aus. Will man Süditalien grün erleben, muss man es also im Nordwinter bereisen. Die Getreideernte ist im Vergleich zu Nord-

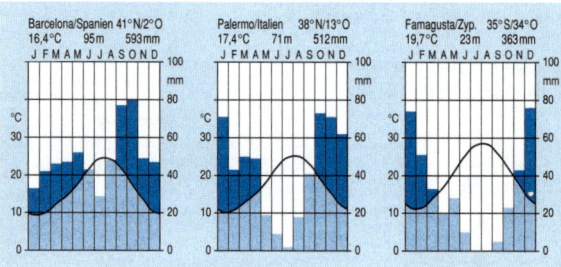

europa in das stets trockene Frühjahr verlegt. Ab Juni ist dann die Vegetation dem *Hitzestress* ausgesetzt. Wir bewegen uns auch in der Vegetationszone der Hartlaubgewächse, die sich in vielfältiger Weise gegen die Verdunstung schützen.

Siebenschläfer und Ostlage der mittleren Breiten

Warum ist bei uns Ende Juli die heißeste Zeit des Jahres?

Im Klima der mittleren Breiten ist es normal, dass nach der relativ starken Auskühlung im Winter das Hitzemaximum im Jahresverlauf verschoben ist. Den höchsten Sonnenstand feiern wir schon am 23. Juni mit dem längsten Tag.

Alle zittern vorm Siebenschläfertag, warum?

„Das Wetter am Siebenschläfertag sieben Wochen so bleiben mag." Am 27. Juni kommt diese Bauernregel auf allen Sendern. Für schönes Sommerwetter braucht man in Europa stabiles Hochdruckwetter. Das Hoch über den Azoren sollte sich so weit ausgedehnt heben, dass die Fronten von durchziehenden Zyklonen nicht mehr nach Mitteleuropa einschwenken, wie bei einer Westlage üblich (s. u.).

> **TIPP:** nde Juni können wir abschätzen, ob sich die Hauptwestwindzone und damit die Zugbahn der Tiefdruckgebiete schon in den nördlichen Atlantik verlagert hat. Wenn es Ende Juni, Anfang Juli noch unbeständiges Wetter gibt, ist mit 65 % Wahrscheinlichkeit damit zu rechnen, dass die Stabilisierung der Situation noch einiger Zeit bedarf.

Zum Teil kann dies auch gar nicht eintreten, sieben Wochen sind durchaus möglich. Scheint aber in der Zeit um Siebenschläfer bereits die Sonne bei klarer, trockener Luft vom Himmel, dann handelt es sich möglicherweise um eine besonders günstige sommerliche *Ostlage*. An einem recht stabilen Hoch über dem nördlichen Europa weht kontinentale Luft von Osten ein.

> Wenn es an Lichtmess stürmt und schneit (2. Februar),
> ist der Frühling nicht mehr weit.
> Ist es dagegen hell und rein,
> wird es ein langer Winter sein.

Die *Ostlage* kann *im Winter* ebenso stabil sein und noch Anfang Februar weitere Frostphasen anzeigen. Sie steht für klirrende Kälte mit klarer Luft. Nun kann z. B. die Ostsee zufrieren. Der Ostwind ist dabei eisig, „egal aus welcher Richtung er kommt". In dieser Zeit profitiert die Landwirtschaft des Mittelmeerraumes von den Niederschlägen durch zyklonalen Einfluss (➡ Mittelmeerklima, S. 112). Im ersten Teil der Bauernregel wird es angedeutet: Schneefall und Winde, eine Wetterveränderung mit Eindringen von instabilen Luftmassen zeigt im Frühling eine *Nordlage* an.

> **TIPP:** *Ostlage* im Sommer – Zyklone halt!
> *Ostlage* im Winter – Wetter klar und kalt.

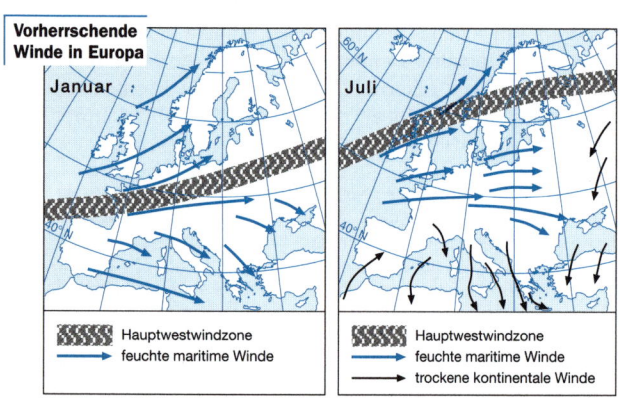

Vorherrschende Winde in Europa

Januar

Juli

%%%%% Hauptwestwindzone
→ feuchte maritime Winde

%%%%% Hauptwestwindzone
→ feuchte maritime Winde
→ trockene kontinentale Winde

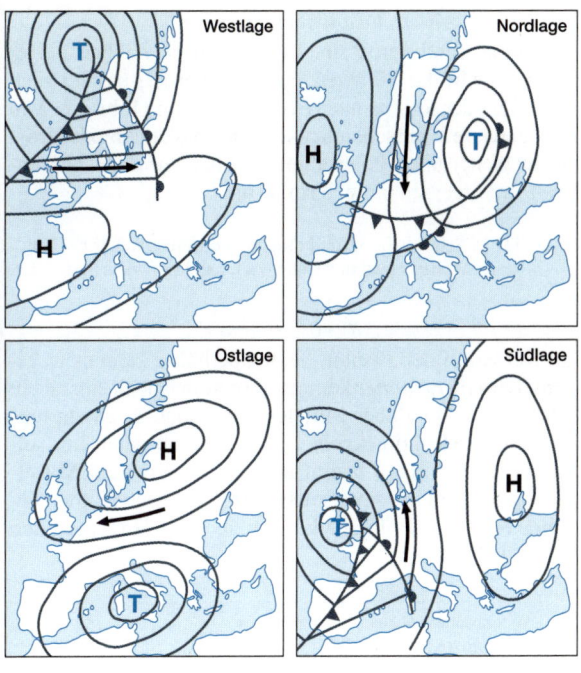

Nord, Süd- und Westlage der mittleren Breiten

*„Der April macht, was er will",
woher hat er das?*

Das *Aprilwetter* speist sich aus teils kalter, teils milderer Luft aus dem Polargebiet. Unbeständigkeit mit Regenschauern, Schnee, Reif und Bodenfrost gehören zu den Folgen. Abwechselnd mit Frostperioden können so gut wie alle Formen von Niederschlag auftreten. Ein Hochdruckgebiet hat sich über Westeuropa festgesetzt. Über Osteuropa liegt ein Tief, dessen *Kaltfront* die Polarluft heranführt.

Eisheilige, sollten die angebetet werden?

Im Frühjahr und Herbst sind Kälteeinbrüche möglich, die jeden Landwirt das Fürchten lehren können. Es besteht auch
in der Zeit der so genannten *Eisheiligen* vom 11. bis 17. Mai
eine gewisse Wahrscheinlichkeit von nasskaltem oder fros-
tigem Wetter unter Polarlufteinfluss bei *Nordlage*. Garten-
besitzer vergessen diese Termine nie.

> **TIPP:** So entsteht oft im Frühjahr und Herbst Wetter bei Nord-
> lage – Westen Hoch und Osten Tief, kalte Luft nach Süden lief.

Wann gibt es einen Altweibersommer?

Im Herbst, in der zweiten Septemberhälfte kann es zu einem *Altweibersommer* kommen, wenn sich noch einmal ein
Hochdruckgebiet über Mitteleuropa bildet. Auch ein um-
fangreiches Hochdruckgebiet über Osteuropa kann eine solche Großwetterlage beeinflussen. Luft aus dem Mittelmeerraum wird bei einer solchen *Südlage* nach Norden geführt. Auch im Frühjahr können so erste Hitzeperioden
zustande kommen.

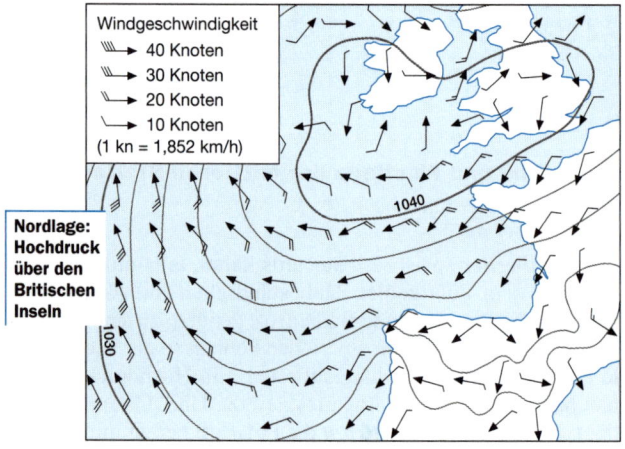

Windgeschwindigkeit
- 40 Knoten
- 30 Knoten
- 20 Knoten
- 10 Knoten
(1 kn = 1,852 km/h)

Nordlage: Hochdruck über den Britischen Inseln

1040

1030

Es taut schon wieder, warum gibt es keine weißen Weihnachten?

Wie so oft gibt es keinen Schnee zum Fest, obwohl dies die Zeit der geringsten Einstrahlung ist. Die kälteste Phase des Jahres liegt meist zeitversetzt Ende Januar. Dann erst greift die größte Auskühlung. Häufig sind kalte Phasen Ende November, Anfang Dezember mit Schneefällen.

Sie werden dann gegen Mitte, Ende Dezember durch eine *Westlage* abgelöst. Ein Tief im Raum Island zieht fächerartig mildere Luft über Mitteleuropa. Im Sommer wird diese Großwetterlage von einem Wechsel von beständig warmem zu kühlem Wetter begleitet (➡ *Kaltfront*, S. 89). Diese Großwetterlage ist zu allen Zeiten des Jahres möglich und mit rund 30 % Anteil an allen vorkommenden Wetterlagen typisch für unsere Zone der großen Durchmischung der Luftmassen.

> **TIPP:** So entsteht besoner im Frühjahr und Herbst Wetter bei Südlage – Osten Hoch und Westen Tief, warme Luft nach Norden lief.

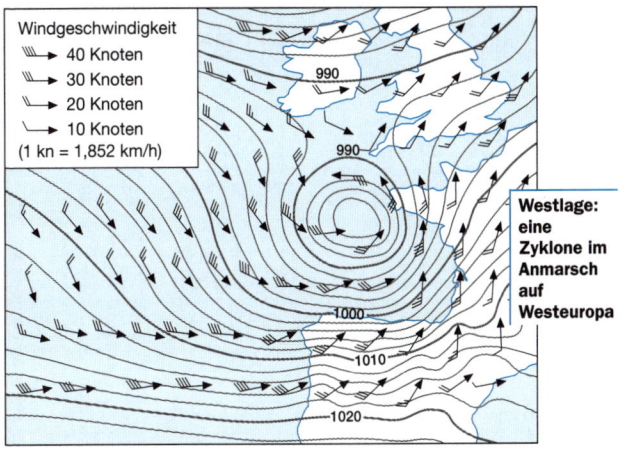

Windgeschwindigkeit
- 40 Knoten
- 30 Knoten
- 20 Knoten
- 10 Knoten
(1 kn = 1,852 km/h)

990
990
1000
1010
1020

Westlage: eine Zyklone im Anmarsch auf Westeuropa

Mittlere Verteilung der Druckzentren mit den wesentlichen Luftströmungen der Grundschicht im Januar

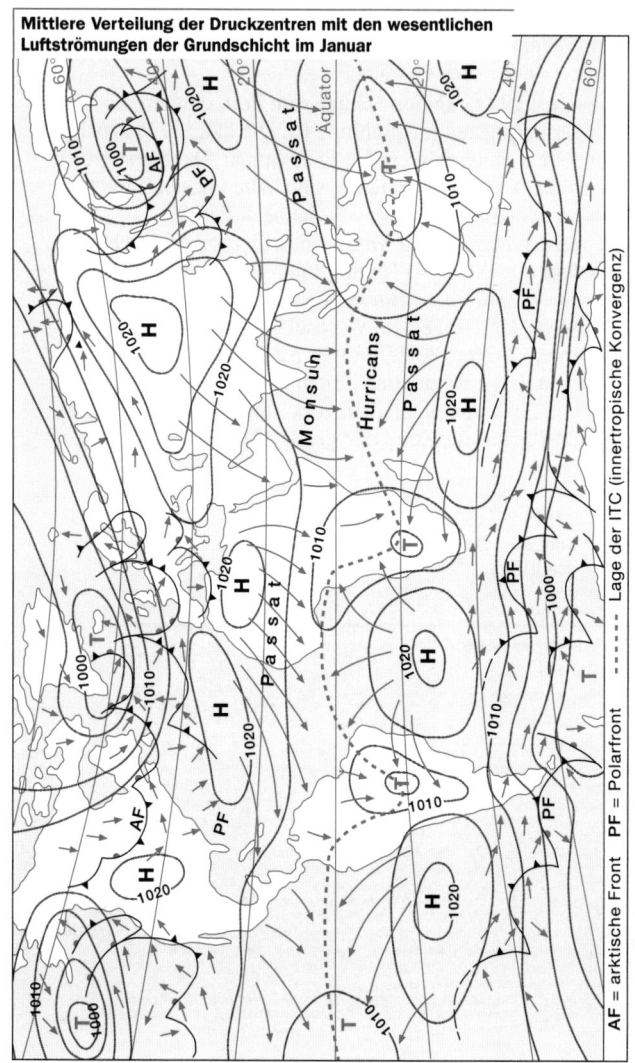

AF = arktische Front   PF = Polarfront   ----- = Lage der ITC (innertropische Konvergenz)

Mittlere Verteilung der Druckzentren mit den wesentlichen Luftströmungen der Grundschicht im Juli

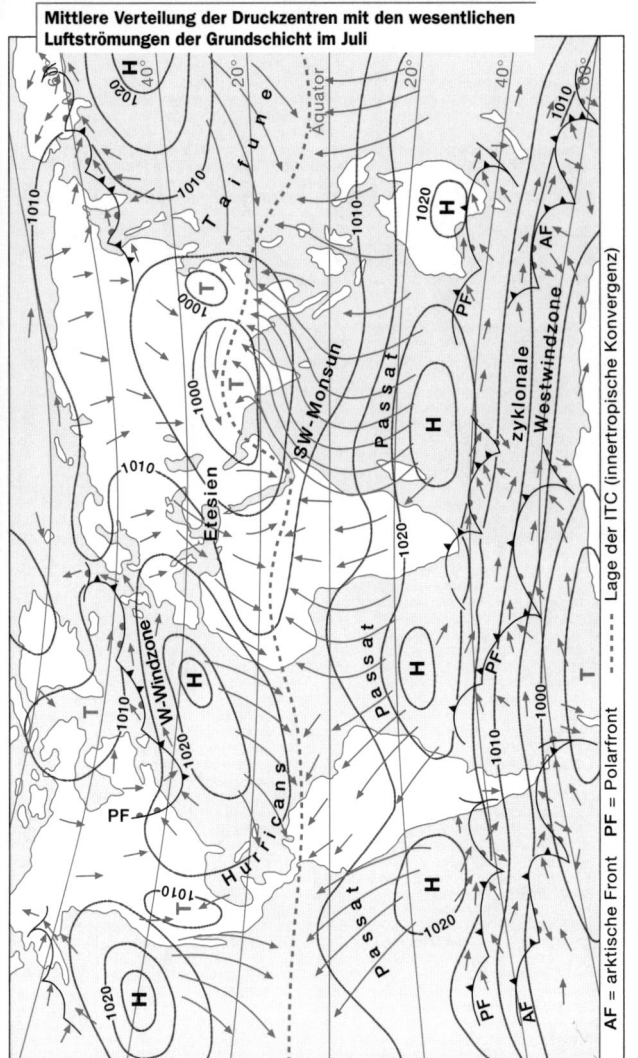

AF = arktische Front   PF = Polarfront   – – – – = Lage der ITC (innertropische Konvergenz)

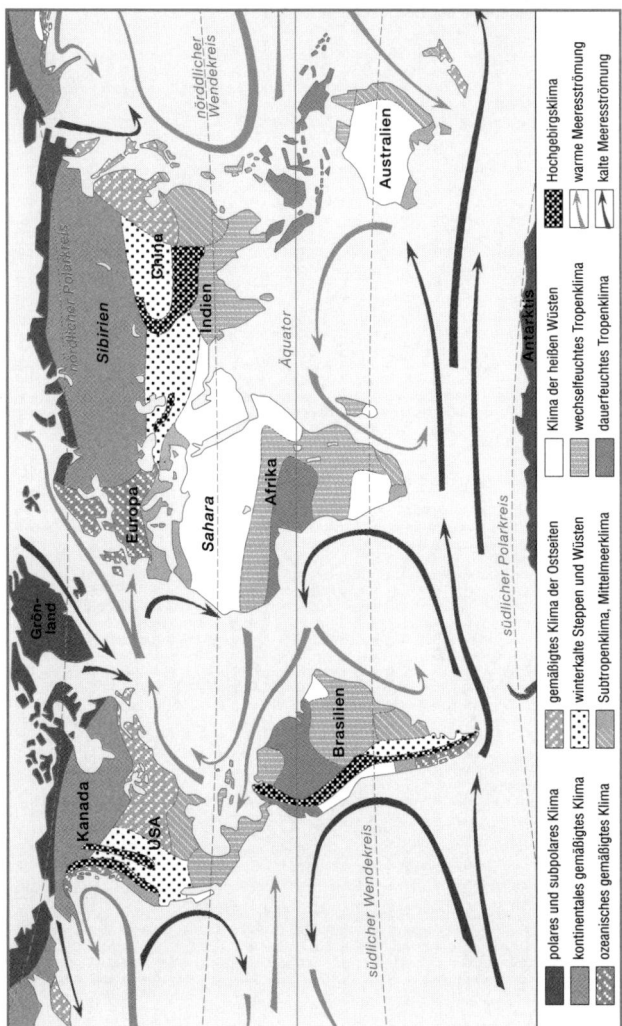

Legende:

polares und subpolares Klima
kontinentales gemäßigtes Klima
ozeanisches gemäßigtes Klima

gemäßigtes Klima der Ostseiten
winterkalte Steppen und Wüsten
Subtropenklima, Mittelmeerklima

Klima der heißen Wüsten
wechselfeuchtes Tropenklima
dauerfeuchtes Tropenklima

Hochgebirgsklima
warme Meeresströmung
kalte Meeresströmung

Beschriftung der Karte:

nördlicher Wendekreis
nördlicher Polarkreis
Äquator
südlicher Polarkreis
südlicher Wendekreis

Kanada
USA
Grönland
Brasilien
Europa
Sibirien
China
Indien
Sahara
Afrika
Australien
Antarktis

Verzeichnis der Fragen

Register

Literatur/Bildquellen

Die Klassiker:
Lauer, W.: Klimatologie. Braunschweig 1995
Weischet, W.: Einführung in die allgemeine Klimatologie.
Stuttgart [6]1996

Allgemeine Werke zum Thema Wettervorhersage:
Balzer, K. u. a.: Wettervorhersage. Mensch und Computer – Daten und
Modelle. Berlin, Heidelberg 1999
Heyer, E.: Witterung und Klima. Leipzig [9]1993
Joussaume, S.: Klima: Gestern – Heute – Morgen. Heidelberg 1996
Krüger, L.: Wetter und Klima. Beobachten und verstehen.
Berlin, Heidelberg 1994
Wiedersich, B.: Das Wetter. Entstehung, Entwicklung, Vorhersagen.
Stuttgart 1996

Zum Ozon in der Atmosphäre:
Röth, E.-P.: Ozonloch – Ozonsmog. Mannheim 1994

Zum zusätzlichen Treibhauseffekt:
Cubasch, U./ Kasang, D.: Anthropogener Klimawandel.
Gotha 2000

Zu Klimastationen:
Müller, M.: Handbuch ausgewählter Klimastationen der Erde.
Trier [5]1996
Sträfler, M.: Klimadiagramme zur Köppenschen Klimaklassifikation.
Gotha 1999

Ein kleiner Wolkenführer:
Neukamp, E.: Wolken – Wetter. München 1995

Speziell zu den Bauernregeln:
Mahlberg, H.: Bauernregeln. Aus meteorologischer Sicht.
Berlin, Heidelberg 1993

Zu El Niño:
Cornelsen Aktuelle Landkarte: El Niño – lokales Phänomen
mit globalen Folgen. 1/1998

Internetadressen

Die folgenden Internet-Adressen haben wir überprüft (Redaktionsschluss: 1. 2 .02). Dennoch können wir nicht ausschließen, dass unter einer solchen Adresse inzwischen ein ganz anderer Inhalt angeboten wird.

Gute Links bietet das
Deutsche Klimarechenzentrum Hamburg (DKRZ)
http://www.dkrz.de

Weitere deutsche Einrichtungen:

Alfred Wegener Institut
http://www.awi-bremerhaven.de

Max-Planck-Institut für Meteorologie
http://www.mpimet.mpg.de

Potsdam-Institut für Klimafolgenforschung
http://www.pik-potsdam.de

Der Karlsruher Wolkenatlas und eine große Auswahl von Bildern, Karten und Diagrammen findet man unter:
http://www-imk.physik.uni-karlsruhe.de/~muehr/wetter.html

Ein schneller Blick auf das Wetter unter:
http://www.dwd.de

Weitere internationale Seiten:

World Meteorological Organization (WMO)
http://www.wmo.ch

The International Panel on Climate
http://www.ipcc.ch

Aus dem englischsprachigen Ausland:

The Hadley Centre:
http://www.meto.govt.uk./weather/index.html

The National Oceanic and Atmospheric Administration (NOAA)
http://www.noaa.gov

The National Aeronautics and Space Administration (NASA)
http://gcmd.gsfc.nasa.gov